科学文化工程
公民科学素养系列

－ 湖泊科普系列丛书 －

中国湖泊掠影

中国科学院南京地理与湖泊研究所 主编

南京大学出版社

图书在版编目(CIP)数据

中国湖泊掠影 / 中国科学院南京地理与湖泊研究所
主编.—南京：南京大学出版社，2018.12
(湖泊科普系列丛书)
ISBN 978－7－305－21380－9

Ⅰ.①中… Ⅱ.①中… Ⅲ.①湖泊－中国－图集
Ⅳ.①K928.43－64

中国版本图书馆 CIP 数据核字(2018)第 291471 号

审图号:GS(2013)5189 号

出版发行　南京大学出版社
社　　址　南京市汉口路 22 号　　　　邮　编 210093
出版 人　金鑫荣
丛书 名　湖泊科普系列丛书
书　　名　中国湖泊掠影
主　　编　中国科学院南京地理与湖泊研究所
责任编辑　田　甜　吴　汀　　　　编辑热线 025－83593947

照　　排　南京紫藤制版印务中心
印　　刷　南京凯德印刷有限公司
开　　本　889×1194　1/32　印张 6.625　字数 175 千
版　　次　2018 年 12 月第 1 版　2018 年 12 月第 1 次印刷
ISBN 978－7－305－21380－9
定　　价　58.00 元

网址:http://www.njupco.com
官方微博:http://weibo.com/njupco
官方微信号:njupress
销售咨询热线:(025)83594756

湖泊是宝贵的自然资源

——《湖泊科普系列丛书》总序

　　湖泊是镶嵌在大地上的蓝色珠宝,它不仅景色幽静,环境优美,还是生命之源,万物繁衍的地方。地球上约有 14 亿立方千米的水,其中约 97.5％为咸水(主要在海洋中),2.5％为淡水,而这 2.5％淡水的大部分(约 70％)还被冻固在极地和高山的冰川中,能直接为人类所用的水仅仅是湖水、河水和部分地下水,总量不及全球水量的 1％。可见淡水之宝贵,湖泊之宝贵。

　　我国湖泊资源丰富,分布广泛,类型多样,从青藏高原到太平洋西岸,面积 1 平方千米以上的自然湖泊近 2 700 个,总面积达 8 万多平方千米,约占国土总面积的 1％;既有淡水湖,也有咸水湖,有构造形成的断陷湖,火山形成的火山口湖、堰塞湖,冰川形成的冰川湖以及河流改道形成的牛轭湖等。这些湖泊滋润着祖国大地,养育着亿万生灵,蕴藏着丰富资源,形成了鱼米之乡……

　　"淼淼长湖水,春来发绿波",有湖泊就有生机,保护湖泊是生态文明建设的重要组成部分,必须引起高度重视,既要加强对湖泊的科学研究,也要提高广大群众对湖泊重要性的认识。在这方面中国科学院南京地理与湖泊研究所的科研人员做了大量卓有成效的工作,他们不仅在湖泊研究方面取得了举世瞩目的成就,在普及湖泊科学知识方面也非常努力。最近由薛滨和郭娅两位研究员主笔,多位专家参与完成的《中国湖泊趣谈》、《中国湖泊掠影》和《诗话湖泊》三册构成的《湖泊科普系列丛书》,以各种典型湖泊为代表,从过去到现在,从局部到整体,全面介绍了中国湖泊的现状、特点和功能,并以精彩的图片展现了许多湖泊的美丽景色,给人以赏心悦目的感受。特别是《诗话湖泊》,别开生面地引用了大量古代诗人对一些湖泊的生动描绘和抒情,诗中有画,画中有诗,实有"杳杳波涛阅古今"之势,让你体会"天与水相通,舟行去不穷","湖平孤屿出,天阔万峰来"那种奇妙的境界,和"尽说西湖足胜游,谁信东湖更清幽"的评述。一个湖泊是一面镜子,一幅画卷,一部诗作,这种把科学与文学艺术有机结合的创作,使读者从中既学到了知识,也受到了艺术的熏陶,可谓学中有乐,乐中有学,值得在科学普及中提倡。我有幸先睹为快,相信它不仅能吸引广大读者的眼球,更能鼓动许多人投身到那充满诗情画意的人间仙境,一览碧波荡漾,柔情似水的湖泊魅力,领略大自然的神奇!

中国科学院院士,中国科普作家协会名誉理事长

2018 年末

序

又是一年深秋，又到了收获的季节，这本《中国湖泊掠影》终于就要付梓了。心中忐忑，不知道读者如何评价这类作品，因为这不是通常的摄影画册，而是一本科普摄影图集，期望运用摄影艺术手段，展示湖泊科学现象中的视觉美，拉近公众与湖泊科学的距离；又有期盼，更希望读者喜欢它，从一张照片、一段文字里面，体味到湖泊的美景、科学的纯真、湖泊科学家的执着，读完有所收获。

这是一个全民摄影的时代，每个人都在捕捉眼中的美。湖泊就是人们眼中的美，湖泊的美，在于她的平静，平静的湖水有时像一面镜子，没有一丝波澜；湖泊的美，在于她的清澈，清澈得就像透明的蓝色玻璃，可以清楚地看到鱼儿在水中游来游去；湖泊的美，在于她的温婉，没有大河的快速流淌，没有大海的波涛汹涌，微风轻拂，湖面也只是泛起鱼鳞似的波纹，即使大风吹过，湖泊也会很快回归她的平静和温婉。湖泊的美，更在于她对人类默默地奉献，自古以来人类围湖而居，我们很多古老的文明因为湖泊而诞生，即使今天她受到伤害，也是在默默地忍受，期待人们的关心和爱护。

绿水青山看中国，美丽中国看湖泊。为了让更广泛的公众关注湖泊、了解湖泊，认识湖泊的美，增强对湖泊科学现象的理解，引发对湖泊科学现象的探索和研究，中国科学院南京地理与湖泊研究所湖泊与环境国家重点实验室联合江苏省海洋湖沼学会，于2018年5月—8月举办"美丽中国 美丽湖泊"主题图文征集大赛活动。这次大赛活动收集到来自中科院、高校及社会范围相关图文素材上千幅，既有湖泊千差万别的自然风光、人文景观、湖泊独特的自然现象、主要生物类群，也有湖泊的生态特点、环境问题、修复保护、治理管理等多个方面。我们遴选其中部分佳作，经过与投稿者的商量，对每幅摄影作品配以文字，进行适当的科普解读和评述，以使内容更具科学性、前沿性和热点性，通过编辑出版，期望进一步繁荣湖泊科普创作，激发大众对湖泊科学的兴趣，为公众提供优质的湖泊科普作品。

每个湖都有自己的美，每个湖都有自己的故事，每个湖都有自己的科学。通过摄影描写湖泊的美，有很多很优秀的作品，通过文字叙述湖泊的故事，也有很多很美好的佳作，但通过科普摄影讲述湖泊中的科学、科学里的湖泊，这似乎是一件很难很难的事情了。本书中所有的照片都经过了精心挑选，可能没有专业摄影的水准，但大都来源于从事湖泊科学研究和生态保护的专业人员，野外工作考察随手而拍。我们根据它们的内容，从自然风光到人文、管理等做了章节分类，配以科学的文字解译，进行了精心编排，尽可能满足读者对科普摄影类书刊的期待。

伟大的时代，总有美好的憧憬；美妙的时光，总要印痕留影；美丽的景色，更要记录在镜头里、留在脑海里。变换焦距，捕捉精彩瞬间，按下快门，记录科学之美。书中镜头和目光共同聚焦的地方，有青藏高原到东部平原的旖旎湖光、有云贵高原到东北山地的曼妙水色，有湖泊的形成、湖中的水、以湖为生的动物、看不见的生命，有湖泊的生态环境问题，有活跃着的湖泊科技工作者身影，更有湖泊的保护、湖泊的生命与愿景。通过这一幅幅作品、一行行文字，能够感觉到指尖下快门快乐的吟咏，能够倾听光与影的和谐，能够憧憬美丽湖泊、美丽中国的建设征程上，科学家们的执着、公众们的期待，和对祖国山水深深的爱恋。"光与影有着和谐的旋律，如梵婀玲上奏着的名曲"，也以朱自清先生的名句献给本书众多照片的贡献者、文字的编辑者。

你的眼睛，我的湖；我的湖，你的世界。

是为序！

编者　于南京九华山

2018 年 11 月 6 日

目　录
Contents

/ **第三章　湖泊成因类型**

第一章

湖泊概览

在我们这个美丽的地球上，除了蓝色的海洋，还有一些晶莹闪亮的宝石，那就是湖泊。湖泊是重要的国土资源，具有调节河川径流、航运、发展灌溉、提供工业和饮用水源、水产养殖、改善区域生态环境以及旅游等多种功能，在国民经济的发展中发挥着重要的作用。

我国是一个湖泊资源丰富的国家，湖泊数量众多、类型多样。全国湖泊总贮水量约7 077亿立方米，其中淡水贮量2 249亿立方米，占我国陆地

图1-1 中国湖泊分布图
（图片引自：中国科学院南京地理与湖泊研究所《中国湖泊分布地图集》）

淡水资源量的 8%。根据全国第二次湖泊调查数据,全国目前共有 1 平方千米以上的自然湖泊 2 693 个,总面积 81 414.6 平方千米,约占全国国土面积的 0.9%(杨桂山等,2010)。

遍布于全国各地的湖泊,形成青藏高原湖区、蒙新高原湖区、云贵高原湖区、东部平原湖区,以及东北平原与山地湖区五大湖区,其中以中国东部平原和青藏高原湖泊最为密集,形成了中国东西相对的两大稠密湖群。

青藏高原湖区:拥有面积 1 平方千米以上湖泊数量最多和面积最大的湖区,湖泊数量 1 055 个,面积 41 831.7 平方千米,分别占全国湖泊总数量和总面积的 39.2%和 51.4%;

蒙新高原湖区:面积 1 平方千米以上湖泊数量 514 个,面积 12 589.9平方千米,分别占全国湖泊总数量和总面积的 19.1%和 15.4%;

云贵高原湖区:面积 1 平方千米以上湖泊数量 65 个,面积 1 240.3 平方千米,分别仅占全国湖泊总数量和总面积的 2.4%和 1.5%;

东部平原湖区:面积 1 平方千米以上湖泊数量 634 个,面积 21 053.1平方千米,分别占全国湖泊总数量和总面积的 23.5%和 25.9%;

东北平原及山地湖区:面积 1 平方千米以上湖泊数量 425 个,面积4 699.7 平方千米,分别占全国湖泊总数量和总面积的 15.8%和 5.8%。

其中,东部平原湖区、云贵高原湖区、东北平原与山地湖区三大湖区属外流区,属亚洲季风湿润气候,湖泊大多为开放的淡水湖;青藏高原湖区和蒙新高原湖区基本属于内流区,属干旱半干旱气候,湖泊大多为封闭的咸水湖或盐湖。

第二章

旖旎湖光

青藏高原名湖

羊卓雍措

羊卓雍措，地处西藏自治区山南市浪卡子县，位于雅鲁藏布江南岸，与纳木错、玛旁雍措并称为西藏三大圣湖。羊卓雍措是藏语名，其中"羊"为上面；"卓"为牧场；"雍"为碧玉；"措"为湖，一起的意思是"牧场上的碧玉之湖"。当地藏族人民用民歌赞美羊卓雍措："天上的仙境，人间的羊卓。天上的繁星，湖畔的牛羊。"

羊卓雍措属高原堰塞湖，湖面海拔4 441米，水体面积638平方千米，湖水平均深度为20～40米。大约1亿年前因冰川泥石流堵塞河道而形成，它的形状很不规则，分叉多，湖岸曲折蜿蜒，湖内分布有大小岛屿16个，总面积约44平方千米，其中最大的岛屿面积16.8平方千米（王苏民等，1998）。岛上牧草肥美，野鸟成群，以雁鸭类和鸥类为主，主要有斑头雁、赤嘴潜鸭、赤麻鸭、棕头鸥等。水鸟多样性较高的季节是春秋迁徙季节。夏季主要的繁殖种群是斑头雁和棕头鸥，也有少量黑颈鹤，是重点保护鸟类；冬季主要物种是赤嘴潜鸭，经常聚集在融化的冰面上（张国钢等，2016）。此外，这个地区的野鸽、野兔、黄羊等野生动物数量也很多。

羊卓雍措的水生态系统中浮游植物以硅藻最多，浮游动物以甲壳类最多，另外还有原生动物和轮虫类。而鱼类资源主要有高原裸鲤、刺突条鳅和拉萨条鳅3个品种，其中高原裸鲤是唯一具有食用价值的经济鱼类，它是适应青藏高原低温咸水湖泊生长的主要种群，喜食杂饵，生长速度慢，个体小，繁殖力低，各入湖支流口段是主要产卵场所，年捕捞量一般在20×10^4千克左右（施为光，1995），所以尽管高原湖泊鱼类资源的蕴藏量很大，但可资利用的量并不大（陈毅峰和何德奎，2000）。

图2-1　羊卓雍措

（摄影：陈建　南京科普影像协会）

纳木错

图2-2　纳木错
（摄影：施坤　中国科学院南京地理与湖泊研究所）

　　翻越海拔超过5000米的念青唐古拉山山口，一个巨大蓝色湖泊进入视野，宛如一块蓝宝石镶嵌在雪域高原上，这就是有"天湖"之称的纳木错。"纳木错"为藏语，是"天湖"之意。纳木错位于青藏高原中部，海拔4818米，面积约2000平方千米，是世界上海拔最高的咸水湖，西藏第二大湖泊，中国第三大的咸水湖。

图 2-3　纳木错

图 2-4　山雨欲来时的纳木错
（摄影：奚和平　中国科学院南京地理与湖泊研究所）

　　纳木错对面是念青唐古拉山，主峰海拔 7 111 米，白雪皑皑。一条条冰川从这里发源，向着纳木错的方向延伸，冰川融化的雪水，奔腾不息，汇入纳木错，滋养着藏地神湖。在西藏古老的神话里，念青唐古拉山和纳木错是一对相偎相依的恩爱夫妻。在蓝色碧波的映衬下，巍峨的念青唐古拉山显得更加英俊挺拔，而纳木错也因为念青唐古拉山的守护显得更加美丽动人。

　　纳木错湖水清澈透明，湖面呈深蓝色，水天一色，浑然一体，呈现出一幅碧水蓝天的美丽画卷。天气晴朗的午后，偶尔会遇到短暂无风的时候，湖面如镜，静谧深邃，波光粼粼，泛舟之上，惬意快哉！

　　纳木错天气复杂多变，有一句话形容得很贴切：一天有四季、十里不同天。夏季，在季风水汽、高山、冰川、大湖、烈日、大风等因素的复杂作用下，纳木错湖区的天气变化非常剧烈。刚才还是晴空万里，一会已是乌云密布，浪花翻滚。这边的湖面上还是烈日炎炎，那边山上已经暴雨瓢泼，正如大诗人苏轼所言："东边日出西边雨，道是无晴却有晴。"

玛旁雍措

图 2-5　西藏圣湖——玛旁雍措
（摄影：童银栋　天津大学）

　　玛旁雍措地处中尼边境，位于冈底斯山主峰——冈仁波齐峰和喜马拉雅山纳木那尼峰之间，西藏自治区普兰县内。它是中国蓄水量第二大的天然淡水湖、湖水透明度最高的淡水湖，也是亚洲四大重要河流（雅鲁藏布江、印度河、恒河、萨特累季河）的发源地。玛旁雍措又称玛法雍措，藏语意为"永恒不败的碧玉湖"，是西藏三大圣湖之一。湖泊呈"鸭梨"形，北宽南窄。湖面海拔 4 588 米，平均水深 46 米，最大水深 81.8 米，面积

412 平方千米,蓄水量 200×10^8 立方米(王苏民等,1998)。湖水以冰川融水、雨水补给为主,也有部分泉水补给。

玛旁雍措有"世界江河之母"的美誉,许多宗教典籍和传说中都曾记载描述过玛旁雍措,印度传说中称这里是湿婆大神和他的妻子——喜玛拉雅山的女儿乌玛女神一起沐浴的地方,而西藏的古代传说认为这里是龙王居住的地方。每到夏秋季佛教徒扶老携幼来玛旁雍措"朝圣",在"圣水"里"沐浴净身"以"延年益寿"。据说玛旁雍措的水"像珍珠一样",喝了以后能洗脱"百世罪孽",几乎所有的藏族老百姓都会称赞玛旁雍措的水"很甜"。

玛旁雍措是中国目前实测透明度最高的湖。天气晴好时湖水蔚蓝,碧波轻荡,白云雪峰倒映其中,湖周远山隐约可见,景色奇美。图为在执行科技部基础性工作专项"西藏环境水化学调查及饮用水安全评价技术研究"过程中,藏、汉两族的考察队员完成玛旁雍措的环境水质背景调研工作。

青海湖

图2-6 青海湖二郎剑景区
（摄影：周舟 南京信息工程大学）

青海湖，又名库库诺尔、错鄂博，古称"西海"，又称"仙海"、"鲜水海"、"卑禾羌海"，是中国最大的内陆湖、微咸水湖。湖水清澈碧蓝，湖面广袤如海，故名。库库诺尔系蒙语译名，意为青色的海；错鄂博是藏语音译，意即西海。青海湖位于青藏高原东北部、青海省境内，东经 99°36′～100°47′，北纬 36°32′～37°15′。青海湖实测面积 4 340 平方千米，湖面东西长 109 千米，南北最大宽仅为 67 千米，平均水深 17.9 米多，最大水深为 27

米,蓄水量达 778×10^8 立方米(王苏民等,1998)。湖的四周被四座巍巍高山环抱:北面是大通山,东面是日月山,南面是青海南山,西面是橡皮山,这四座大山海拔都在 3 600~5 000 米,青海湖位于盆地最洼处。

青海湖盆地的发展雏形可追溯到古生代,原为菱形断陷沉积盆地。在中生代初,原菱形盆地发生中间隆起,逐渐发育成青海湖南山,并将盆地分割成共和盆地和青海湖盆地。第四纪初,青海湖开始大幅度沉陷,河水倒灌,积水成泊。青海湖的形成和发育主要在中更新世,由于气候环境日趋干旱,青海湖遂由淡水湖向咸水湖演变(胡东生,1989)。青海湖在人类生活中具有重要地位,在农业、牧业上更是有较大影响力。很多人对青海湖的印象就是它优美的景色,蔚蓝的湖水与大海无异,青海湖甚至被中国国家地理杂志评为"中国最美的五大湖泊"之首。

茶卡盐湖

图2-7 茶卡盐湖
（摄影：王建军 中国科学院南京地理与湖泊研究所）

茶卡盐湖位于青海省海西蒙古族藏族自治州乌兰县茶卡镇。每年的七八月份，青海进入多雨季节，宜人的气候、谜一般的阵雨吸引着世界各地的无数游人。与此同时，茶卡盐湖也不失时机地迎来了它的丰水期，湖泊面积可达 100 平方千米。盐湖不同于淡水湖（比如太湖）和咸水湖（比如青海湖），它是液态和固态的结合，盐湖的上层是卤水层，下层是结晶盐层。洁白的盐层具有极高的反照率，类似于制作镜子的银铝涂层；透明的水层则具有极高的透过率，类似于制作镜子的玻璃。巍峨的山川和翩跹的云朵，一静一动，倒映在这静谧的盐湖中，数千年来复刻着天与地的盛世美颜，这时候的茶卡盐湖无愧于"天空之镜"的盛誉。置身湖中，肉眼已无法辨别眼前的是冰雪抑或是盐晶，在一望无际的白色世界里，水与天的界限渐渐消失，你中有我，我中有你，如梦如幻。

图 2-8　茶卡盐湖上的结晶
（摄影：鲍婕　江苏省海洋湖沼学会）

　　说明：由于湖水较浅，定睛细看可以看到露出的黑泥，过度踩踏使得湖底的黑泥裸露，影响了盐湖的整体美观及盐结晶的正常生长。

　　新媒体时代，茶卡盐湖之美遍及网络，越来越多的游人渴望着亲临"天空之镜"。景区升级改造和不断增加的游客数量，给茶卡盐湖的生态环境造成严重威胁。高峰时景区每天接待的游客数量高达 5 万人次，清理出的垃圾竟有 12 吨之多。除此之外，游人的过度踩踏也是导致湖体污染的重要因素。过度踩踏已经造成茶卡盐湖出现了大片黑泥区域，虽然黑泥本不是污染物,但黑泥出露大大影响了盐湖的整体美观和盐晶的正常生长。在此,呼吁大家文明旅游,共同呵护茶卡盐湖自然之美,带走垃圾,减少下湖踩踏,留下文明,守住盐湖的纯洁,不要让"天空之镜"成为"污浊之泪"。

扎布耶茶卡

图2-9　扎布耶茶卡的南湖
（摄影：邢鹏　中国科学院南京地理与湖泊研究所）

扎布耶茶卡，也叫扎布耶错、查木错、扎布错等，藏语意思为"灌木丛上部盐湖"，位于西藏自治区日喀则市仲巴县境内，地理坐标东经83°57′~84°08′，北纬31°15′~31°31′。扎布耶茶卡湖面海拔4 429米，面积243平方千米，湖形呈葫芦状，由古钙华湖心岛、查布野岛及沙砾堤分隔成南湖和

勇错"外侧冰碛垄最为高大,野外观察终碛垄高约 30 米,且形态清晰。现代冰川末端和新冰期终碛垄之间被冰碛物阻塞形成"小枪勇错"和"大枪勇错"两个冰川湖,中间由疑似小冰期冰碛物隔开。在全球变暖的背景下,青藏高原区的冰川正在经历着持续的退缩(刘金花等,2018)。

佩枯错

图 2-11　佩枯错
（摄影：高晓峰　南京师范大学）

西藏之西，阿里阿里。在我国西藏地区最西边，有一片广袤而又厚重的土地，它就是雪域高原——阿里。这里是中国最狂野的地方，拥有广阔的草原、众多的雪山、"一错再错"的湖泊，还有着象雄、古格、步让、贡塘等重要王国的历史遗迹。这里地域广阔，拥有独特高原自然风貌，平均海拔4 500米以上，被称为"世界屋脊的屋脊"，也是世界上人口密度最小的地区之一。在这几近无人的区域中，与我们为伍的，只有那野生动物和无数不知名的湖泊……

佩枯错是我们从吉隆往萨嘎所见到的日喀则地区最大的内陆咸水湖,据说形成于高山堰塞,南侧湖水是淡水,北侧湖水是咸水,一湖之水,咸淡参半,实为罕见。湖区面积300多平方千米,湖面海拔4 590米,湖水湛蓝,该湖北、东、西三面环山,湖岸陡峭;南部为孤山残丘点缀的洪积—湖积平原,地势开阔,湖中有裸鲤栖息。

佩枯错的位置正好是在从珠峰去往冈仁波齐的路上,它就像一个站在路边的女孩,守望着路过此地的每一个人。虽然这个湖相比西藏最为著名的湖泊纳木错、羊卓雍措、玛旁雍措、班公湖、巴松措、森里错等这些圣湖实在谈不上什么名气,但是这里的美在于静!尤其深秋时节,岸边水鸟栖息畅游,湛蓝的湖面上倒映着希夏邦马峰,将佩枯错衬托得更显风姿。天蓝蓝,水蓝蓝,眼前这位美丽的姑娘身着蓝色长裙与低垂的白云、远处的雪山相映生辉,风平浪静之间,颇为"谋杀"人的眼球和感官,幸而迅速按动快门,记下这美好的时刻。

巴松措

图 2 - 12　巴松措静谧的湖面
（摄影：金苗　中国科学院南京地理与湖泊研究所）

巴松措位于中国西藏自治区林芝地区工布江达县错高乡境内，其四面环山，气候温和，湖面平均海拔 3 538 米，长约 15 千米，平均宽度 2.5 千米，湖水最深处为 166 米。相较其他藏区湖泊，巴松措既不是藏区面积最大的湖泊,也并非名气最响亮的湖泊,但她像隐秘的仙子一样,让人无法忽视她的美。在雄伟的雪山脚下,青青的绿草旁,巴松措诱人的景色像精灵一样装点着西藏这片人间圣地。

巴松措又称措高湖,藏语意为"三岩三湖"、"绿色的水",正如它的名字般,措高湖是绿色的,是那种淡淡的、没有杂质的绿色。这里的人们也称之为"三色湖",因为湖水的颜色会随早晚时间以及阴晴光照的变化而在浅绿、深绿和墨绿之间来回转变。巴松措结合了白雪皑皑的山脉,集湖泊、森林、瀑布和古老的寺庙于一体,让人一见倾心,一眼万年。湖中心的小岛——扎西岛更是巴松措的点睛之笔,岛上经幡飞扬,是藏传佛教红教宁玛派的神湖圣地,已有上千年的历史。传说该岛是"空心岛",即岛与湖底是不相连而漂浮在湖水上的,虽然只是个传说,却让人觉得蔚为神奇(周颖,2018)。

巴松措是尼洋曲水系中较大的湖泊,它是一个典型的外流冰川湖,发育在现代海洋性冰川下游,两条古冰川相汇的U形槽谷中,是由中更新世最大冰期时的冰川终碛垄阻塞而成(刘雪舒,2015)。整个巴松措地区由于特殊的地理位置及地形,受印度洋暖流影响,形成了温带半湿润高原季风气候,与西藏高原的其他大多数湖泊所处的地区相比,温和的气候、丰沛的雨量、连绵的山岭、北高南低的地势共同造就巴松措明显的区域小气候。每年十月后,西藏的大部分地区都进入了冬天,其他的藏区湖泊雪山包裹湖泊森林,已经是别样风情,就连其所在的林芝地区都有了瑟瑟寒意,而巴松措仍然处在宜人的秋季,这主要是因为巴松措海拔相对较低,并且巴松措是从峡谷河道进去,可谓四面环山,她实际上就是被雪山森林包围起来,不为外面的寒气所侵染;此外,原始森林茂密,空气中的负氧离子和水汽丰沛,空气都是湿漉漉的,这也使初到高原的人们高山反应大大低于同等海拔的其他地区(李博等,2012)。

班公湖

图 2-13 班公湖
（摄影：张梦薇 首都师范大学）

班公湖，又名班公错，藏语名为"错木昂拉仁波"，意为"明媚而狭长的湖泊"。位于我国与克什米尔（印度控制区）边境，总面积 604 平方千米，其中位于我国境内的面积为 413 平方千米，约占班公湖总面积的三分之二。班公湖海拔约 4 250 米，东西狭长，延伸 143 千米，而其南北最宽处的宽度不过5千米。班公湖是典型的内流湖,依赖于地表径流补给。其东段的入湖河流有麻嘎藏布、多玛曲、昂卖曲等,中段和西段有昌隆河和通达河等,其中麻嘎藏布的水量最大。

对班公湖是如何形成的这一问题的认识,经过了长达几十年的发展。1901年亨廷顿和斯文·赫定通过实地考察,认为该湖是由冰川作用形成的;1907年,斯文·赫定对印度河上游地区进行考察之后,否定了自己先前的想法,认为班公湖本是一条河流,是地壳运动使其河道堵塞而形成了班公湖;20世纪70年代,杨逸畴等进行实地考察后,认为班公湖是构造断陷形成的,位于班公错—色林错深大断裂构造带内。

班公湖最神奇的地方在于其湖水的盐度由东向西的变化,湖泊东部即在我国境内的部分是淡水,而湖泊西部是咸水。这是因为班公湖是一个内流湖,其东部的补给河流径流量较大,带来的补给较多,稀释了盐度,使得湖泊东部湖水盐度较低。而班公湖西部的补给河流所带来的补给量很少,湖泊西部湖水盐度较高。此外,班公湖东西狭长而中间窄的形状,不利于东西湖水交换,也是造成湖水东淡西咸的重要原因。

然乌湖

图 2-14　然乌湖
（摄影：王建军　中国科学院南京地理与湖泊研究所）

　　然乌湖处于喜马拉雅山、念青唐古拉山和横断山的对撞处。318 国道沿湖畔而过，它是 318 国道旁的一颗明珠，不可错过的风景驿站。然乌湖是西藏东部最大的湖泊，也是雅鲁藏布江支流帕隆藏布的主要源头。然乌湖湖体狭长，呈串珠状分布，由自南向北的三个相连的湖泊（雅错、安错与安目错）组成，三个湖泊虽一脉相承但又风光各异。

　　然乌湖湖面海拔 3 807 米，总面积 22 平方千米，湖泊长 26 千米，平均宽1～2千米。湖盆经冰川塑造呈狭长河谷状,湖泊四周分布有雪山,山峰海拔在5 000米以上。湖内局部地区水很深,呈槽谷状,湖底为冰川刨蚀而成。但然乌湖本身为堰塞湖。大约在200年前,现今出口处右岸发生过山体崩塌,因堆积物堵塞河道形成湖泊(辛晓冬等,2009)。然乌湖四周是终年不化、重叠起伏的雪山,湖水的补给水源主要来自春夏季节雪山和冰川的冰雪融水,每当冰雪融化,雪水便注入湖中,使湖水充盈,美轮美奂,被誉为"西天瑶池"。

图2-15 安错秋色
(摄影:王永杰 中国科学院青藏高原研究所)

拉姆拉错

图 2‑16　西藏圣湖拉姆拉错
（摄影：奚和平　中国科学院南京地理与湖泊研究所）

　　拉姆拉错是西藏山南加查县东北约 65 公里处的神秘的高山淡水湖。湖面积约 1 平方千米，是西藏最具传奇色彩的湖泊。"拉姆"意为仙女、女神，"拉"意为湖面，"拉姆拉错"藏语意为"吉祥天姆湖"、"圣姆湖"，又名琼果杰神湖。湖面海拔 5 000 多米，形似椭圆，犹如群山环抱的一面镜子。因拉姆拉错位于加查县曲科杰丛山之中，无法触及，只能爬上山顶远远地观望。

拉姆拉错湖虽然面积不大，但在藏传佛教信徒们的心目中，它有着至高无上的地位。每年藏历四至六月，许多善男信女前来这里朝圣观景。通往拉姆拉错的石板路两旁堆起的玛尼堆，为执着的朝圣者指引着方向。藏族信徒们把手中的风马旗和炒熟的青稞撒向空中，然后头贴在岩石上虔诚地诵经。达赖二世喇嘛根敦嘉错确定拉姆拉错为寻访活佛转世灵童的神湖。至此每当寻访达赖喇嘛、班禅额尔德尼等大活佛的转世灵童之前，都要到此观湖卜相，根据神湖变幻的景象，分析转世灵童出生地的方位，而且每世达赖喇嘛都要到"神湖"朝拜一次。明正德四年(1509年)达赖二世在附近修建了曲科杰寺，为高原奇特风光增添景色，可惜的是这座曾经可与布达拉宫相媲美的寺庙，现如今只剩下了残垣断壁。据说朝拜此湖的有缘之人还可从湖水幻示的影像中看出神喻的前世今生(北风等，2010；刘国立，2013)。

蒙新高原名湖

呼伦湖

图2-17 冰封期的呼伦湖
（摄影：吴其慧 内蒙古农业大学）

呼伦湖，当地牧民称其为达赉湖，意为像"海一样的湖"，位于内蒙古自治区呼伦贝尔市新巴尔虎右旗、新巴尔虎左旗与扎赉诺尔之间。呼伦湖为中国第五大淡水湖，内蒙古第一大湖。呼伦湖湖面呈不规则的斜长形,湖周长约 447 千米,湖面长约 93 千米,平均宽度为 25 千米(张凤菊等,2018)。呼伦湖流域覆盖中、蒙两国,主要入湖支流的克鲁伦河发源于蒙古国的肯特山脉,其他支流如乌尔逊河与贝尔湖相连,与呼伦湖构成姐妹湖,北岸支流达兰鄂罗木河连通额尔古纳河。呼伦湖属于中温带大陆性气候,由于地处高纬地区,冬季寒冷漫长(10 月上旬开始至翌年 5 月上旬),夏季温凉短暂,多年平均气温在 −0.5～0.5℃,年均降水量约 285 毫米,相对湿度较大。冬季封冻期达 170～180 天,最大冰厚为 1.3 米,非冰封期最大水深为 8 米,平均水深为 5.7 米,蓄水量为 138.5 亿立方米。

图 2-18　夏季浩瀚如海的呼伦湖

（摄影：姜涛　内蒙古农业大学）

通常前往呼伦湖旅游的游客集中在夏季 7—9 月份,夏季的呼伦湖水天一色,目不及边(图 2 - 18);冬季由于酷寒,人迹罕至,然而冬日下的呼伦湖美景,更是充满了北国冰封的壮丽,图片拍摄于该地著名旅游景点拴马桩(图 2 - 19)。相传,成吉思汗带兵远征之时路过此地,被眼前美景吸引,便停下饮马瞭望,图中正对面的大石,便是当年成吉思汗拴马地。1 月份为呼伦湖最寒冷的月份,湖区平均温度为零下 30 摄氏度左右。当日天气晴空万里,站在冰面上拍摄远处的拴马桩,洁白的冰面虽有白雪覆盖,但是仍然能映出蔚蓝的天空,苍茫的湖面上一片肃然,唯有西北风依然呼啸。

图 2 - 19　冬日呼伦湖拴马桩景区
(摄影:吴其慧　内蒙古农业大学)

喀纳斯湖

图 2-20　喀纳斯湖
（摄影：王农林　中国科学院国际合作局）

　　美丽的喀纳斯湖，像一名温婉的维吾尔族少女伫立在阿尔泰山的脚下，蓝绿色的湖水静静流淌，明艳清澈，森林与辽阔的山间草原连成一片，蓝天白云下湖水的颜色变幻万千令人心醉，喀纳斯意为"美丽富饶、神秘莫测"，2009 年她被《中国国家地理》杂志评为"中国最美湖泊"（税晓洁，2009）。

图 2-21　喀纳斯湖的秋色
（摄影：王农林　中国科学院国际合作局）

喀纳斯湖位于新疆布尔津县北部，是我国最深的冰碛堰塞湖，科研人员认为喀纳斯湖形成于断层活动与冰川侵蚀的双重作用。实际上，喀纳斯湖就是布尔津河的一部分，湖口被末次冰期晚冰阶（时间在 2 万年前左右）沉积的冰碛所阻，冰雪融水在冰碛堤坝后受阻形成湖泊（高顺利，1987）。喀纳斯湖岸陡湖窄，湖水面积 44.78 平方千米，据水下地形测量，湖最深处竟达到 196 米，比我国境内最深的抚仙湖（最大水深 155 米）还要深数十米；湖的库容也异常惊人，由于水深，喀纳斯湖的容积为 5.38×10^9 立方米，超过了太湖、洪泽湖和巢湖，让人不禁感叹能形成如此深湖的古冰川是何等的壮观!

喀纳斯湖区森林景观原始古朴,生态系统完整,浓缩了阿尔泰山自然生态系统和景观的精华。湖泊两侧崖岩林立、植被茂盛,其特殊的地理位置和悬殊的地形地势,保存了完整的植被垂直带谱,是我国仅有的西西伯利亚山地南泰加林生态系统的代表,为针阔混交林(税晓洁,2009)。在茂密的原始森林和高山草原的簇拥下,隐匿着一个个传说中的原生态村落,那是图瓦人的家园。据说图瓦人是成吉思汗西征时遗留下来的士兵繁衍的后代,几百年来,他们就地取材,砍伐松树建造房子,过着定居放牧的生活,至今没有改变。图瓦人多穿蒙古长袍、长靴,居住在用松木垒砌的斜尖顶木屋里,主要以奶制品、牛羊肉、面为主食,常喝奶茶和奶酒,擅长赛马、射箭、摔跤等竞技活动。

博斯腾湖

图 2-22　夕阳下的博斯腾湖
（摄影：蔡小愚　南京远古水业股份有限公司）

　　博斯腾湖，维吾尔语意为"绿洲"，位于中国新疆维吾尔自治区焉耆盆地东南面博湖县境内，是我国最大的内陆淡水湖。古称"西海"，由于其极好的生态，享有"东方夏威夷"的美誉。博斯腾湖东西长 55 千米，南北宽25 千米，湖区面积约为 1 000 平方千米，平均水深为 7.5 米，湖盆呈碟状，中间低平，近湖岸变浅（陈曦，2010）。

　　博斯腾湖深处亚欧大陆内部，海洋水汽难以到达，年降水量较少，蒸发旺盛，湖水主要依靠开都河唯一一条入湖河流补给，而孔雀河则是博斯腾湖唯一的出湖河流。开都河又分为东、西两支河流,将博斯腾湖分为大湖区和小湖区两部分,东支注入博斯腾湖大湖区,西支注入小湖区,小湖区面积在一百平方千米左右,而大湖区面积近千平方千米。烟波浩渺的湖面依偎在远处巍峨的雪山脚下,犹如处子般梳理着丝光长发,片片芦苇犹如发夹般点缀着湖面,与金色的沙漠遥相呼应,一下子像从豪情满怀的西域中,走出一位江南少女,让人错以为置身于烟雨迷蒙的江南……图2-23拍摄于夏季博斯腾湖畔,当天接近黄昏时博斯腾湖上,夕阳渐渐西落,天空阴晴不定,光影千变万化,天边上演了一场"水与火的大战"!

　　博斯腾湖不仅风光绝佳,还是北方的"鱼米之乡",《隋书》记载博斯腾湖有"鱼、盐、蒲、苇之利",湖区水草丰美,芦苇丛生,不仅是新疆重要的渔业生产基地,也是中国重要的芦苇生产基地,是当地重要的产业支柱和命脉。

图2-23　夕阳下的博斯腾湖
(摄影:蔡小愚　南京远古水业股份有限公司)

赛里木湖

图 2-24 赛里木湖
（摄影：谢志仁 樊仲英 南京师范大学）

赛里木湖位于天山西北坡紧邻伊犁河谷地带，准噶尔盆地西南端，地处西风带迎风坡，有来自大西洋的充足水汽受地形抬升形成充沛降水，造就了这个美丽的淡水湖。赛里木湖区年平均气温0.5℃，12月至翌年5月初为封冻期。它的水位和水域面积对气候变化的响应极为敏感，近期的湖面海拔约2 073米，面积约460平方千米，最大水深超过90米。赛里木湖是新疆海拔最高、面积最大、风光秀丽的高山湖泊，又是大西洋暖湿气流最后眷顾的地方，因此有"大西洋最后一滴眼泪"的说法。

虽然深居内陆、地处气候干旱的西北地区，赛里木湖的湖水却有着那样纯净的蓝色。湖区四周群山环绕，并有冰川存在，构成封闭的高山盆地水系。"天池海在山头上，百里镜空含万象"便是古人对赛里木湖风光极高的赞誉。阳光洒在赛里木湖的湖面上波光粼粼，遥远的云朵、绵延的雪山、无垠的草原、飞鸟走禽都倒映在这幽蓝广阔的湖水中，恍若误入天空之镜。赛里木湖拥有众多的自然旅游资源和人文旅游资源，具有极高的艺术欣赏和科考价值。

图2-25　波光粼粼的赛里木湖
（摄影：孟诗棋　南京农业大学）

天山天池

图 2-26 新疆天山天池
（摄影：邢路宁 中国科学院南京地理与湖泊研究所）

天山天池位于新疆阜康市境内，距离乌鲁木齐市 110 千米，坐落在博格达山脉的群山之中，是天然的高山湖泊。天山博格达峰海拔 5 445 米，终年积雪，冰川延绵。天山天池是在 200 余万年以前第四纪大冰川活动中由于古冰川泥石流堵塞河道而形成的高山堰塞湖，形状因原来为河谷而显得曲折幽深。

天池湖面海拔 1 910 米，湖体狭长，呈半月形，南北长约 3 400 米，宽约

800～1 500 米,面积约 4.9 平方千米,湖水最深处达 105 米(王斌等,2015),湖泊环抱在群峰峡谷之中。两侧峰峦峻峭林立,中间湖水清澈,晶莹秀丽,有天山明珠的盛誉。天池湖水清澈,周围山峰挺拔俊秀,冰川似玉龙飞舞,草甸山花烂漫,展现了天池独特的自然魅力。

天山天池古称瑶池,在中国古代神话中,这里是西天王母娘娘沐浴的地方,有许多神话传说。《穆天子传》卷三载:"乙丑,天子觞西王母于瑶池之上。"这一美好神奇的传说,激发了古往今来无数文人墨客的无尽遐想。唐代大诗人李商隐一首千古绝唱:"瑶池阿母绮窗开,黄竹歌声动地哀。八骏日行三万里,穆王何事不重来?"

"山不在高,有仙则名,水不在深,有龙则灵。"天池之胜,不仅因西王母"瑶池盛会"的传说流芳千古,更因其得天独厚的自然风光名扬天下。

罗布泊盐湖

图 2-27 罗布泊遥感影像
（图片来源：中国科学院遥感与数字地球研究所）

罗布泊，这个昔日波光粼粼、状若瀚海的湖泊曾是我国第二大咸水湖，自 20 世纪 70 年代干涸后，成为沙漠，即被世人视为"生命禁区"。数千年的罗布泊以及繁华的楼兰古城，传说中它们辉煌灿烂，但最终都被漫漫黄沙掩埋。一个世纪以来，罗布泊从曾经的"广袤三百里，其水亭居，冬夏不增减"，变成了干涸的"大耳朵"（在遥感图像上，干涸的罗布泊呈现神奇的耳朵形状）。

图 2 - 28　罗布泊钾盐湖
（摄影：任晖　中国科学院地质与地球物理研究所）

罗布泊有全中国最丰富的钾盐矿藏资源，钾盐储量 2.5 亿吨以上，是中国为数不多的钾盐矿中的一个超大型钾盐矿，未来将成为中国最大的钾盐生产基地。提炼钾肥首先需要从地下抽取天然卤水资源，因为需求量很大，地下抽取出来的卤水需要找个地方存放，因此利用天然的地形在这里建立一个大型盐湖。现如今，随着大型钾盐矿的开采，浩瀚无际的盐湖重现，目前罗布泊钾盐湖的面积已近 200 平方千米，站在湖边水天一色，恍若到了海边。

卤水蒸发的过程中盐分析出形成各种形态的结晶体，被称为盐花，也叫盐牙、盐珊瑚，图中为盐湖卤水中绰约闪现、晶莹剔透的盐花。现代化的进程逐渐掀起罗布泊神秘的面纱，曾经的死亡之海，拥有了全新的景观与全新的未来。

巴里坤盐湖

图2-29　巴里坤盐湖上围湖捕捞卤虫
（摄影：李典鹏　新疆农业大学）

巴里坤盐湖,古称蒲类海、婆悉海,元代称巴尔库勒淖尔,清代以蒙古语巴尔库尔谐音称巴里坤湖,位于天山东段巴里坤山与北部莫钦乌拉山之间的巴里坤盆地(43°36′~43°43′N,92°43′~92°51′E),巴里坤县西北18千米处。巴里坤湖湖面略成椭圆形,东西宽约9千米,南北长13千米,面积113平方千米,中间以土塄相隔,分别称为南海子、北海子。湖区海拔1 585米,四周山峦起伏,水草丰美,东湖碧波荡漾,西湖一片银白,湖东有大片沼泽湿地,湖周是辽阔的牧场。

巴里坤湖地区气候干燥,多年平均降水量为 202 毫米,年蒸发量高达 1 638 毫米;年平均气温为 1.1℃,降水主要集中于夏季和冬季。巴里坤湖生态环境十分脆弱,属典型的封闭型干涸尾闾湖,对区域环境与全球气候变化有很强的敏感性。

据《巴里坤哈萨克自治县志》记载,古时巴里坤湖面积约 800 平方千米,后来逐渐收缩,1984 年湖水面积仅为 112.15 平方千米,到 2004 年时已不到 100 平方千米,现今水域面积已不足 60 平方千米,东侧湖水平均水深为 0.6 米,最大水深约 1.0 米。

巴里坤盐湖独具"迷离蜃市罩山峦"的奇观。每当盛夏,这里湖光山色,分外迷人,牧民们游牧湖畔,毡房座座,牛羊成群,牧歌悠扬,是一处避暑旅游的好地方。湖也是储量丰富的芒硝矿和盐田,湖水中含有水生物卤虫(丰年虫)。卤虫生存于高盐水域,以藻类为食,是水产养殖的优质活体饵料,也是候鸟的食物来源。

卡拉库里湖

图 2-30　在卡拉库里湖畔远眺慕士塔格峰
（摄影：蔡小愚　南京远古水业股份有限公司）

　　卡拉库里湖地处新疆南部帕米尔高原东边"冰山之父"——慕士塔格冰山脚下，是典型的高原湖泊。"卡拉库里"是维语，意为"黑海"，非常贴切地反映了该湖的色彩特点。在天气晴好时，湖水蔚蓝，倒映着白雪皑皑的慕士塔格峰，神秘而且圣洁；阴雨时节，环湖黝黯的山脊浸染湖面，湖水立刻变成了铅黑色，如一池浓墨，令人称奇不已。

　　卡拉库里湖是典型的高山湖泊，海拔在 3 600 米，湖泊面积并不算大，约为 10 平方千米,湖水深 30 米,在成因上属冰碛湖。高大雄伟的公格尔峰、公格尔九别峰、慕士塔格峰环绕四周,湖畔苏巴什草原上水草丰美,牛羊成群,使卡拉库里湖更加光彩四溢。此外,古老而勤劳的柯尔克孜牧民经常在此繁衍生息,他们雕刻的精美木器,编织的精致刺绣,浓香扑鼻的"克么孜"(马奶酒)和"勃左"(孢孜酒),为卡拉库里湖增添了更多的人文气息。由于地处高原,夏秋季节是卡拉库里湖最美丽、最热闹的时节,每年此时众多登山摄影爱好者汇集在湖畔,与好客的柯尔克孜人饮酒共舞,欣赏着颇具异域风情的湖光山色,感受着来自原始的淳朴与热情。卡拉库里湖,这枚镶嵌在帕米尔高原的明珠,正以其迷人而独特的风貌迎接着每一位游人!

达里湖

图 2-31　达里湖
（摄影：王强　中国科学院生物物理研究所）

达里湖亦称"达里诺尔湖"，古称"鱼儿泺"、"捕鱼儿湖"、"答尔海子"等，"达里诺尔"汉译为"像大海一样宽广的湖"。它位于内蒙古赤峰市克什克腾旗西部贡格尔草原的西南部，广泛分布着被风化的玄武岩和花岗岩，在地质成因上达里湖属于构造堰塞湖。达里湖是内蒙古自治区第二大内陆湖，湖泊水域面积为 238 平方千米，海拔约 1 226 米，平均水深6.8米，最大水深 13 米（杨光林等，2018）。

达里诺尔湖属高原内陆湖,主要依靠地表径流补给,贡格尔河是主要的入湖河流,湖水无外泄,是低浓度盐水湖,水质独特,外来鱼种难以存活,湖内盛产鲤鱼和当地俗称华子鱼的瓦氏雅罗鱼。每到冬季,达里湖都会举行冬捕节,捕鱼仪式复杂而隆重,吸引了大批异地游客专程前来参加,观看出海、祭湖仪式,品鲜美的达里湖鱼,饮醇厚甘甜的马奶酒。达里湖还是百鸟的天堂,由于海拔高、光照足、水域宽阔,湖中岛屿重重,为鸟类提供了良好的栖息繁衍场所,这里是东北亚最重要的候鸟集散地之一。每年夏季,天鹅、丹顶鹤等十余种水鸟聚集于此,给湖区增添了勃勃生机,因此达里湖又被誉为我国第三大天鹅湖(其他两个天鹅湖为鄱阳湖和巴音布鲁克湖)。

白沙湖

　　白沙湖,位于中哈边境附近,如果途经从新疆喀什到塔什库尔干县的公路,就会邂逅这个被称为"沙漠奇景"的湖泊,它也是新疆阿勒泰地区打造"千里画廊"上的重要景点之一。白沙湖小而深邃,南北长约 800 米,东西宽约 600 米,水域面积仅 0.5 平方千米,湖体形似豌豆荚,东面凹陷,西面凸起。为何在沙漠腹地会有这样一池清水,白沙湖的水源及成因至今仍没有明确的答案(傅玉堂,2009),这也给白沙湖添加了几分神秘的色彩。

　　白沙湖所在地区属大陆性北温带寒冷气候,其特点是四季不太分明,日照丰富,温差较大。这沙漠中的一弯湖水自古便是丝绸之路上的水源补给地,据说成吉思汗率军西征,沿路而行,偶遇此湖大喜,在此停歇饮马,白沙湖曾被誉为成吉思汗的饮马池。独特的地质和气候条件也成就了白沙湖区的奇特风光,六月莲花盛开,碧波如镜,十月红黄树叶,群山倒映,远眺近览,美不胜收,湖边各类混生林,错落层叠,见证中哈友谊、代表爱情的白桦林随处可见,不愧是"塞北小江南"。

图 2-32　大美白沙湖

（摄影：蔡小愚　南京远古水业股份有限公司）

云贵高原名湖

滇　池

图 2-33　滇池

（摄影：龚伊　中国科学院南京地理与湖泊研究所）

滇池被誉为"高原明珠",为云南九大高原湖泊(滇池、洱海、抚仙湖、程海、泸沽湖、杞麓湖、阳宗海、星云湖和异龙湖)之首,位于云南省昆明市西南,又名昆明湖,古称滇南泽。滇池水位1886米,南北长41千米,东西最大宽13千米,平均宽7千米,面积298平方千米,平均水深3米,为我国第六大淡水湖泊(王苏民等,1998)。

滇池是受第三纪喜马拉雅山地壳运动的影响而构成的高原石灰岩断层陷落湖(于希贤,1999)。湖体周围有大小数十个山峰,山环水抱,景色优美。滇池湖体形似弯弓,弓背向东,东北部有一天然沙堤称为海埂,长约4千米,将滇池分为南北两部分,南称草海,北称外海。干流盘龙江水流经山谷之间,到地势开阔地带又分支为金汁河、明通河等20余条河流,最终汇入滇池。西南面的海口河是滇池唯一的出口,出水经螳螂川,下游入普渡河,最终汇入金沙江。

滇池不仅是云南的标志,更是昆明人赖以为生的母亲湖。在自然演化过程中,滇池湖面缩小,湖盆变浅,内源污染物堆积,以及人为加大湖水排泄量和降低周边森林覆盖率,湖泊退化迅速。有民谣说滇池"20世纪50年代淘米洗菜,60年代摸虾做菜,70年代游泳痛快,80年代水质变坏,90年代风光不再"。这是滇池污染渐变过程的真实写照。多年来,滇池因为蓝藻水华频发、生态环境日益恶化等突出问题,被国务院列为重点治理的"三湖三河"之一,国家先后投入500亿元下大力气治理滇池。经过二十多年的艰苦努力,滇池水质目前已有了明显改善。

洱 海

图 2-34 洱海
（摄影：邢路宁　中国科学院南京地理与湖泊研究所）

　　洱海，古称洱河、叶榆泽等。因形状像一个耳朵，而取名为"洱海"，位于云南省大理白族自治州大理市。湖面呈狭长形，北起洱源县南端，南止大理市下关，南北长40千米，湖水面积246平方千米，平均湖深10米，最大湖深达20米，是云南省第二大淡水湖。洱海形成于冰河时代，其成因主要是沉降侵蚀，属高原构造断陷湖泊，海拔1972米。

　　洱海水质优良，水产资源丰富，同时也是一个有着旖旎风光的风景区。据说大理一年四季风景如画，在诸多风景名胜之中，以风、花、雪、月四景最为著名和引人入胜，洱海便是大理"风花雪月"四景之一"洱海月"之所在。在风平浪静的日子里泛舟洱海，那干净透明的湖面宛如碧澄澄的蓝天，给人以宁静而悠远的感受，让人领略那"舟行碧波上，人在画中游"的诗画一般的意境。

洱海，虽然被称为海，但其实是一个湖泊，表达了深居云南内陆的白族人民对海的向往。洱海是白族人民的"母亲湖"，白族先民称之为"金月亮"，洱海具有优越的区位优势，显著的综合功能，厚重的历史文化，良好的发展环境，是大理政治、经济、文化的摇篮。

抚仙湖

图 2-35 抚仙湖
（摄影：奚和平 中国科学院南京地理与湖泊研究所）

抚仙湖是我国云南高原地区典型的构造湖泊之一，也是中国最大的深水型淡水湖泊，珠江源头第一大湖。抚仙湖位于云南省玉溪市，因湖水晶莹剔透、清澈见底，被古人称为"琉璃万顷"。湖面海拔高度为 1 723 米，湖水面积 216 平方千米，湖泊容积为 206.2 亿立方米，最深处有 158.9 米，蓄水量占云南省九大高原湖泊水量的 67％，相当于 12 个滇池的容水量。抚仙湖水质为Ⅰ类，是我国水质最好的天然湖泊之一。

徐霞客曾经有诗专门描述抚仙湖水的清澈,"滇山惟多土,故多壅流而成海,而流多浑浊,惟抚仙湖最清"。白天的抚仙湖,湖面微波粼粼,因为水清,所以浅滩处水的颜色呈现出碧绿色,越往里面绿色越淡,不远处就是一条明晰的分界线。晚上的抚仙湖,明月相伴,分外迷人,在沙滩漫步,呼吸上一口清新的空气,真是如《抚仙湖》这首歌中所唱:"抚仙湖水在荡漾,只是没人再惆怅。"

图2-36 傍晚时分的抚仙湖
(摄影:奚和平 中国科学院南京地理与湖泊研究所)

除此之外,传说在抚仙湖下游有一座地下古城,此前中国水下考古队也展开过一场声势浩大的水下考古。初步考证发现,这座地下古城距今2000年,很可能是历史上记载的古滇国国都。目前关于古城还有很多谜团没有解开,这也给抚仙湖蒙上了一层神秘面纱。

目前抚仙湖是云南省级旅游度假示范区,已经形成了集旅游观光、科学考察等于一体的环湖景区。这不仅仅因为抚仙湖带来的考古意义,也是因为抚仙湖风光秀美,物产丰富,在湖中繁衍生息的抗浪鱼和金线鱼等都是世间稀有的土著鱼种。此外,位于抚仙湖畔帽天山的澄江化石地拥有保存完整的寒武纪早期古化石群,被誉为"二十世纪最惊人的发现之一"。

程 海

图 2-37 程海
（摄影：李凯迪 云南大学）

  程海古名程河，又称黑乌海，位于云南省丽江市永胜县中部，属金沙江水系，是云南九大高原湖泊之一。程海湖面海拔高程 1 502 米，湖体呈南北走向形似椭圆，地理坐标为东经 100°38′～100°41′，北纬 26°17′～26°28′，湖泊水域面积 78 平方千米，平均水深 25 米，最大水深为 35 米，湖水主要靠地表径流和湖面降水补给,入湖全为季节性河流。

程海水,碧如翡翠,清如明镜。让人有鸟在水中飞,鱼在天上游,水天相接的奇妙感受,千姿百态,美不胜收。程海不仅风光秀丽,而且物产丰富,湖中盛产鲤、白条、压条、红翅等多种鱼类,每年产量可达10多万公斤。

程海现为封闭型湖泊,程海原经海口河流入金沙江,后由于水位逐年下降,不再通江,逐步演变为内陆湖泊,程海虽无出口,但却以地下水方式排泄出部分湖水,水质呈碱性,矿化度9.1‰,水温适宜,气候干燥,光照充足,适宜浮游植物生长。因此,程海也是世界上天然生长螺旋藻的三大湖泊之一。螺旋藻是一种肉眼看不到的飘浮于水面的微小植物,在显微镜下外观为青绿色、呈不分枝的丝状,宛若一根盘曲的弹簧,故名螺旋藻。螺旋藻是目前地球上人类已知的营养成分最丰富、最均衡的生物。程海螺旋藻也被誉为"丽江三宝"之一。

泸沽湖

图 2-38　泸沽湖
（摄影：李凯迪　云南大学）

在我国川滇交界的群山中镶嵌着一泓碧水，它就是被誉为"世外桃源"的泸沽湖。纳西族摩梭语"泸"为山沟，"沽"为里，意即山沟里的湖。泸沽湖，是由断层陷落而成的高原湖泊，海拔约 2 700 米，面积近 50 平方千米，湖区四周崇山峻岭，一年有三个月以上的积雪期。以湖心为界，西部属云南宁蒗彝族自治县,东部属四川盐源县。整个湖泊,状若马蹄,又像一个还在母体中的胚胎。泸沽湖平均深度 40 米,最深处 93 米,是云南仅次于抚仙湖的第二深水湖泊。由于地处偏僻,泸沽湖保持了良好的生态环境,水质特别纯净,湖水最大透明度达 12 米,那里的风光近乎原始的朴素美。

泸沽湖由草海和亮海两部分组成。亮海如明镜一般透亮,波光粼粼,清冽幽深。草海有着丰茂密实似绿毯覆盖的水沼,透过晶莹的湖水,可以看到绿的、黄的和紫红色的小草。泸沽湖也是川滇高原的鱼米之乡,田地丰饶,稻麦飘香,湖菱满塘,有趣的是,当地的牲口都在水中放牧,牧童赶着牛、羊、马在草海中觅食肥美的小鱼、小虾和水草。

在泸沽湖周围居住着蒙古族、纳西族、汉族、藏族、普米族、傈僳族、彝族等民族。而真正使得泸沽湖名扬天下,吸引游人前来览胜探奇的是泸沽湖的子孙纳西族摩梭人,他们的社会形态和婚姻习俗至今还保留着母系社会的特征,泸沽湖被当地摩梭人奉为"母亲湖"。

杞麓湖

图 2-39　杞麓湖
（摄影：李凯迪　云南大学）

　　杞麓湖，古称海河和双湖，位于云南省通海县东北部，又因南距通海县城 1.5 千米，又名通海，属南盘江水系，地理坐标为东经 102°33′～102°52′，北纬 24°04′～24°14′。杞麓湖属高原断层陷落湖，四周群山环抱，湖体呈东西走向，长 10.4 千米，南北宽 3.5 千米。据史料记载，元代为杞麓湖发育的鼎盛时期,湖面曾达 100 余平方千米,水深近 20 米(董云仙等,2011)。现今杞麓湖面积已缩小至 37.26 平方千米,平均水深 4 米,湖盆变浅,已演化成为典型的高原浅水湖泊。

杞麓湖风光绚丽,婀娜多姿,每当风平浪静,天空一碧如洗之时,湖面从东到西便出现一条长达数丈的湛蓝色带,古人称这奇景为"湖水拖蓝",是通海八景之一。杞麓湖畔烟柳迷茫,平畴千顷,村落棋布,土壤肥沃,盛产稻、麦、烟等作物;湖内盛产鲤鱼、鲫鱼、大头鱼等;岸边有人工筑起的海埂,既可饱览湖光,又可在此闲钓。杞麓湖湿地还是海鸥的越冬好去处。自 2004 年起的每个冬季它们都越过千山万水,从遥远的西伯利亚赶来赴一场杞麓湖之约,它们的到来让湖光潋滟的杞麓湖生机勃勃。

异龙湖

图 2-40　异龙湖

（摄影：李凯迪　云南大学）

异龙湖,位于云南省红河哈尼族彝族自治州的石屏县境内,异龙湖在彝语中称"邑罗黑",意思是"龙吐口水形成的湖"。异龙湖为断陷构造湖,海拔 1 414 米,地理坐标为东经 $102°28'\sim102°38'$,北纬 $23°28'\sim23°42'$。湖体呈东西走向,东西长约 15 千米,南北宽约 3 千米,因水位下降、水文改造等因素,现异龙湖已为封闭型湖泊,面积约 25 平方千米,平均水深仅 4 米(刘薇等,2018)。

异龙湖虽不深,但湖水清澈如镜,湖中水草茂盛、饵食丰富,鱼虾众多。每到霞光满天时,湖上波光粼粼、渔帆点点,觅食的水鸟穿梭在一艘艘的渔船之间,充满了诗情画意。异龙湖的胜景当属"七十二道湾",湖水宛如一条锦镶缠绕在绵延的哀牢群山中,湖南岸的笔架山和北岸的乾阳山层叠交错,绕过了足足72道湾,甚为奇特。每到夏日,异龙湖中的万亩荷花也吸引了不少文人雅士慕名造访,早在明代崇祯年间,著名地理学家徐霞客游历到此,称此处"有芰荷百亩,巨朵锦边,湖中植莲,此为最盛"。如今,异龙湖已成为云南著名的原生态观光地,万亩荷池飘香,湖上百鸟翔集,湖面渔舟竞渡,湖畔彝民山歌悠远绵长,为异龙湖风光增添了无限亮色。

图2-41 异龙湖上的荷叶田田
(摄影:龚伊 中国科学院南京地理与湖泊研究所)

星云湖

图 2-42　星云湖
（摄影:李凯迪　云南大学）

星云湖,位于云南省玉溪市江川区,古代称"星海",唐代称"利水",俗称"浪广海"、"江川海"。又说因夜间星月皎洁,银河照映湖心而得名星云湖。星云湖属珠江流域南盘江水系的源头湖,为半封闭高原断陷湖泊,海拔 1 722.5 米,位于东经 102°44′20″～102°47′40″,北纬 24°17′20″～

24°23′03″,湖泊面积34.7平方千米,形如不规则椭圆,南北长10.5千米,东西平均宽3.8千米,平均水深7米。

星云湖是浅水湖泊,湖底平缓多泥,有机物质淤积较厚,湖内水草繁茂,浮游生物和底栖生物也较丰富,是发展水产养殖业的天然场所,也是云南省较早有专业部门繁殖和放养鱼类的湖泊(王厚防和唐翀鹏,2010)。星云湖与抚仙湖一山相隔,一河相连,抚仙湖盛产抗浪鱼,星云湖独多大头鱼,有趣的是抗浪鱼从不南去星云湖,最多游到其连接的海门河就掉头,而星云湖的大头鱼也仅游到此,好像那里是分隔的界线,谁也不能越界,因此海门河又有隔河之称。在隔河中段有一堵伸到水面的赭色石壁,石壁上自古就刻有"界鱼石"三字,旁边还镌刻一首诗:"星云日向抚仙流,独禁鱼虾不共游。岂是长江限天堑,居然咫尺割鸿沟。"

阳宗海

图 2-43　阳宗海
（摄影：李凯迪　云南大学）

　　阳宗海，古称明湖，为云南九大高原湖泊之一，素有"明湖澄碧，高原明珠"的美誉。宋代大理国在流域内设强宗部，后强宗讹化为阳宗，阳宗海的名字便沿用流传至今。湖面两头宽，中部略窄，像一只巨大的鞋，水域面积 30 平方千米，平均水深 22 米，最深可达 30 米。阳宗海属断陷构造湖,处于小江断裂地带,湖岸平直,湖底坡度大,湖水深,水色碧绿,透明度高。

　　阳宗海地区交通便利,小商品经济繁茂,物产丰富,湖内盛产著名的金线鱼,享誉海外。近年来,阳宗海加强了对生态环境的整治,极大地改善了湖泊水体重金属污染超标的情况,并实施了一系列封山造林,建设生态缓冲区、绿化湖滨带等工程,同时阳宗海充分发挥自身资源优势,打造阳宗海风景名胜区,大力发展度假旅游业,成为目前西南地区水上娱乐设施规模最大、内容最丰富的水上娱乐中心。

东部名湖

鄱阳湖

图 2-44　鄱阳湖
（摄影：吴和平　中国科学院南京地理与湖泊研究所）

鄱阳湖，古称彭蠡、彭蠡泽、彭泽，地处江西省北部，长江中下游南岸，位于北纬 28°22′～29°45′，东经 115°47′～116°45′。是长江流域一个重要的过水型、吞吐型、季节性的浅水湖泊。鄱阳湖湖口最高水位 22.59 米

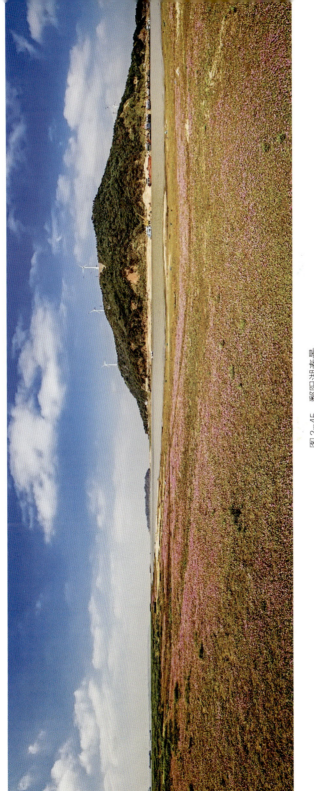

图2-45　鄱阳湖春景

（摄影：姜和平　中国科学院南京地理与湖泊研究所）

时(吴淞高程),面积可达 4 070 平方千米,是我国最大的淡水湖泊(王晓鸿等,2004;谢振东等,2006)。

鄱阳湖发育于约 1.35 亿年前形成的巨大的古老断陷湖盆,距今六七千年前积水成为湖泊。历史上长江改道及人类的活动,使得大量泥沙沉积湖中,导致湖面不断缩小。鄱阳湖湖区面积在平水位和高水位时差距可达数千平方千米,因此素有"洪水一片,枯水一线"之称。鄱阳湖上承赣、抚、信、饶、修五河之水,下接长江,以松门山为界,分为南北两部分,南面为主湖体,北面为入江水道。丰水季节浪涌波腾,浩瀚万顷,水天相连;枯水季节水落滩出,枯水一线,野草丰茂,芦苇丛丛;湖畔峰岭绵延,沙山起伏,沃野千里,候鸟翩飞,牛羊徜徉。

鄱阳湖还是白鹤的世界,水鸟的天堂。湖区有 41 个岛屿和 7 个自然保护区,保护区内鄱阳湖候鸟已达 300 多种,近百万只,其中珍禽 50 多种,已是世界上最大的鸟类保护区(刘鹏等,2017)。世界上现有白鹤 4 000 多只,其中 90% 在鄱阳湖越冬,因此鄱阳湖又被称为"白鹤世界"。

美丽富饶的鄱阳湖不仅养育了世代生长居息湖畔的万物生灵,在调节长江水位、涵养水源、改善当地气候和维护周围地区生态平衡等方面都起着巨大的作用。

洞庭湖

图 2-46 夕阳下的洞庭湖
（摄影：王子彤 中国科学院水生生物研究所）

洞庭湖，古称云梦、九江和重湖，位于长江中游以南、湖南省北部，是我国第二大淡水湖泊。洞庭湖北纳长江的松滋、太平、藕池、调弦四口来水，南和西接湘、资、沅、澧四水及汨罗江等小支流，由岳阳市城陵矶注入长江。洞庭湖在历史的变迁中承担着重要的角色，古代曾号称"八百里洞庭"，但人类的不合理开发和利用导致湖水中泥沙淤积越来越严重，湖水的水域面积也在不断地减小。洞庭湖由魏晋南北朝时期的湖泊总面积6 000 平方千米左右减至唐宋时期的 3 300 平方千米左右。虽然在元朝时湖泊的总水域面积有所回升，但是至清末年间，湖水面积又进一步减小。截至 2003 年,洞庭湖湖泊面积仅仅 2 625 平方千米(杨喜生等,2016)。

洞庭湖是历史上重要的战略要地、中国传统文化发源地,湖区名胜繁多,以岳阳楼为代表的历史胜迹是重要的旅游文化资源。洞庭湖也是长江流域重要的调蓄湖泊,具有强大的蓄洪能力,曾使长江无数次的洪患化险为夷,江汉平原和武汉三镇得以安全度汛。同时,洞庭湖流域也是中国传统农业发祥地,是著名的鱼米之乡,是湖南省乃至全国最重要的商品粮油基地、水产和养殖基地。

图 2-47　洞庭湖
(摄影:王子彤　中国科学院水生生物研究所)

图为在进行洞庭湖鱼类多样性调查途中随手所拍的洞庭湖美景：图 2 - 46 是在湖南省汨罗市磊石乡的湖边，晴天的晚霞搭配上美丽的湖面以及湖中心的小岛，颜色虽简单却格外地震撼人心；图 2 - 47 是在湖南省沅江市撂刀口拍到的，水光接天，一湖一片苇，一人一条船，不需要很好的相机，也不需要很好的拍照技术，随手记录下来就是如诗的画卷。

太　湖

图 2-48　太湖春色
（摄影：奚和平　中国科学院南京地理与湖泊研究所）

太湖地处长江三角洲的南缘，古称震泽、具区，又名五湖、笠泽，是我国历史名湖。春秋战国时期，吴越二国以太湖为界，湖之西为吴，湖之东为越。吴越地区，是著名的水乡泽国，孕育了江南的文化，地处吴越中心的太湖便有"包孕吴越"之称。太湖是中国五大淡水湖之一，位于北纬 $30°55'40''\sim31°32'58''$ 和东经 $119°52'32''\sim120°36'10''$ ，横跨江、浙两省。太湖形如弯月，南岸为典型的圆弧形岸线，东北岸线曲折，多岬湾、湖荡分布其间，太湖水系呈由西向东倾泻之势，湖岸线全长 393 千米，湖泊水域面积达 2 425 平方千米。

　　太湖自古就有"太湖天下秀"之美誉,湖区河港纵横,河口众多,东侧以平原及水网为主,其西和西南侧为丘陵山地,形态各异的小岛和低山分布其中,尤以洞庭东山、洞庭西山及马迹山最为著名;太湖美,美在太湖水,湖水时而温情灵动,时而博大开阔,湖光山色,相映生辉,气象万千。此外,太湖流域气候温和,特产丰饶,是闻名遐迩的江南鱼米之乡,素有"太湖八百里,鱼虾捉不尽"的说法,有"太湖三白"(银鱼、白鱼、白虾)、太湖珍珠、太湖蟹等特产。湖兴则城兴,太湖地区的发展很大程度上是得益于太湖,太湖地区凭借其得天独厚的自然资源优势在经济上长期处于长三角地区乃至全国的领先地位。

西　湖

图 2-49　西湖
（摄影：郭娅　中国科学院南京地理与湖泊研究所）

  西湖，旧称武林水、钱塘湖、西子湖，宋代始称西湖，位于"上有天堂，下有苏杭"的浙江省杭州市西面，是我国主要的观赏性淡水湖泊之一，在中国的历史文化和风景名胜中占有重要地位。西湖自古以来以秀丽的湖光山色和众多的名胜古迹而扬名天下，历代文人墨客到此游览，写下不少著名诗篇，如苏轼的"水光潋滟晴方好，山色空蒙雨亦奇。欲把西湖比西子，淡妆浓抹总相宜"。许仙与白娘子的传奇故事更使西湖增添了无限的神秘色彩。西湖凭借着上千年的历史积淀所孕育出的特有江南风韵和大量杰出的文化景观而入选世界文化遗产,这同时也是现今世界遗产名录中少数几个、中国唯一一处湖泊类文化遗产。

西湖三面环山,面积约 6.39 平方千米,东西宽约 2.8 千米,南北长约 3.2 千米,绕湖一周近 15 千米。湖中被孤山、白堤、苏堤、杨公堤分隔,按面积大小分别为外西湖、西里湖、北里湖、小南湖及岳湖等五片水面,苏堤、白堤越过湖面,小瀛洲、湖心亭、阮公墩三个小岛鼎立于外西湖湖心,夕照山的雷峰塔与宝石山的保俶塔隔湖相映,由此形成了"一山、二塔、三岛、三堤、五湖"的基本格局。"未能抛得杭州去,一半勾留是此湖。"如今的西湖正以其更加妩媚的美姿,吸引着五洲四海的宾朋友人。

上林湖

图 2-50 上林湖
（摄影：姜胡雁 华中师范大学）

上林湖是浙江省又一个非常具有特色的湖泊，它位于浙江省宁波市慈溪桥头镇。早在唐宋时期上林湖一带就是我国越窑青瓷的中心产地，分布着一百二十余处青瓷窑址。同时，风景秀丽的上林湖是慈溪的主要饮用水源，它滋养着桥头镇世世代代的人民，并支撑着这个沿海小城的快速发展。

如今，上林湖以其令人心旷神怡的湖光山色和古朴的碎瓷片吸引着前来游憩的人们。湖滩的泥沙上，层层堆叠着的瓷器碎片，静静地诉说着千年的故事。上林湖一带烧制青瓷的历史悠久，从东汉开始燃起的窑火历经六朝、隋、唐、五代、北宋，直到南宋初年才停止。最为名贵的当属五代时吴越王在上林湖曾设置的监窑官所烧制的"秘色瓷"，该瓷器釉色青绿、釉质莹澈，专供宫廷御用。越窑青瓷作为我国最早输往海外的大宗商品之一，被誉为"海上陶瓷之路的开拓者"（郑建明，2017）。上林湖因其附近诸多的窑址，分布之密集，保存之完好，延续时间之长，在世界上绝无仅有，被誉为"露天青瓷博物馆"。

图2-51　湖畔碎瓷
（摄影：姜胡雁　华中师范大学）

巢　湖

图 2-52　巢湖
（摄影：杨盼　中国科学院南京地理与湖泊研究所）

千里江淮，巢湖最美。巢湖被誉为"皖中明珠"，地处安徽省中部，于巢县、庐江、肥东、肥西和合肥四县一市境地，是安徽境内最大的湖泊。巢湖东西长 54.5 千米，南北宽 21 千米，水域面积约 750 平方千米，为我国五大淡水湖之一。巢湖流域水系较为发达，共有大小河流 33 条，主要入湖河流有南淝河、柘皋河、丰乐河等,湖水与纵横交错的江河沟渠相吐纳,由东南出口,经裕溪河下泻长江。

巢湖是一个典型的由于断层陷落蓄水而成的湖泊(吴跃东,2010),大约形成于晚更新世末期(距今 10 000 年左右)(贾铁飞等,2006),其湖盆形态沿断裂方向由中间向南突出,酷似"鸟巢"状,据推测巢湖因此而得名。巢湖之美,在于湖阔。风平浪静时,连天平湖,帆影浮隐;风急浪高时,波涛翻滚,撼地震天。巢湖之美,亦在于山,湖中有山,山中有水,群峰环绕,妩媚多姿。矗立于湖心的姥山、鞋山,依傍在湖岸的四顶山、龟山、卧牛山,独具特色,各有千秋。

巢湖除了绮丽的山光水色,还为人们留下了丰富的民俗瑰宝——巢湖民歌。人们耳熟能详的千古名篇《孔雀东南飞》就创作于巢湖岸边(朱晓敏,2012),全曲舒缓委婉,余韵不绝,伴随着巢湖古老的历史,历经千年一直传唱至今。

南漪湖

图 2-53 南漪湖
（摄影：程龙娟 中国科学院南京地理与湖泊研究所）

南漪湖是位于安徽宣城市内的天然湖泊，又名"南湖"，同时还是皖南第一、安徽第四的大湖泊，也是古丹阳湖泊的一部分，丰水期时湖泊面积可达 200 平方千米（姚书春和薛滨，2016）。对于湖泊星罗棋布的长江中下游而言，南漪湖的名字并不为多数人所熟知。然而，形状宛如一颗爱心的南漪湖,却依然有着属于自己的独特胜境。

南漪湖分为东西两部分,西湖水较浅,底质为沙质,水草丰茂;东湖水较深,底质为泥质,河蚬资源丰富(陈立婧等,2008)。南漪湖的水源主要来自湖区北部的郎川河、新河和双桥等7条河流,湖水由湖区西端经水阳江泄出(高健等,2004)。清晨的渔船静静地靠在湖岸边,享受着片刻的安宁时光。风平浪静的夏日午后,南漪湖湖面犹如一面光滑的镜子,倒映出天边不动的云彩,湖面时而飞来的鸟儿,也为南漪湖的夏日增添一份活力。湖岸边南方典型的网纹红土,更是为这片纯色的湖面增添了活泼的色彩。夕阳西下,南漪湖像极了腼腆的小姑娘,可爱又文静。南漪湖的美,浸染了乡村的淳朴和大自然赐予的宁静。

武汉东湖

图2-54 武汉东湖的绿道与水杉
（摄影：肖勇坚 中国科学院电子学研究所）

东湖，身处"千湖之省"湖北省的"百湖之市"武汉市，因位于湖北省武汉市武昌东部而得名。在众多的湖泊佳丽中，东湖虽算不上艳压群芳，却以其宽广的气势在中国城市湖泊中占据重要地位，是我国第二大的城中湖，仅次于汤逊湖。武汉东湖，水域面积达33平方千米，约是杭州西湖的六倍。早在 20 世纪 80 年代,武汉东湖就被国务院列为第一批国家级重点风景名胜区,2013 年被国家旅游局评定为 5A 级旅游景区。

一百多年前,东湖与其他湖泊相通并与长江相连,饱受水患之灾。自 19 世纪末,湖广总督张之洞下令在长江与东湖之间修建了武金堤和武青堤,并于堤上修建了武泰闸和武丰闸,东湖便与长江分离(周俊等,2002)。在人工干预下,东湖自此由天然湖泊变为一座人工湖,即今天的东湖。现在的东湖湖岸曲折,港汊交错,由大小 12 个湖泊组成,100 余座小岛星罗棋布,环湖诸山绵延起伏,万亩山林郁郁葱葱。行于其间,恍若世外桃源,丝毫感受不到都市的喧嚣繁华。

磁　湖

图 2-55　夕阳下的磁湖
（摄影：施婷　湖北师范大学）

　　磁湖，也是湖北省的一个城中湖，位于黄石市市区，又称张家湖、南湖。相传湖中有大量的磁石，由此得名。磁湖的水域面积约 10 平方千米，平均水深不足两米。磁湖景区内，山形峻峭，水域纵横，山环水抱，交相辉映，美不胜收。

　　湖北省作为千湖之省，湖泊的重要性也不言而喻。而磁湖作为黄石城区内最大的湖泊水体,其对于整个黄石的生态环境也起着重要的作用。在黄石的发展中,磁湖一度污染严重,目前磁湖的污染来源主要是生活污水,在有效的治理措施下,磁湖逐渐恢复生机,但是这对磁湖的整个水生态环境,只是微乎其微的一小步,还需要投入更多的资金、人力和物力去治理,而协调人与磁湖的和谐发展成为现今最重要的目标。

　　落日下的磁湖,映射着天空的橘红。是云层与湖泊的协力相助,造就了这美不胜收的落日残水景象。湖泊用千姿百态的美,告诉世人湖泊之美与保护湖泊刻不容缓! 一回头,满眼的金色余晖映入眼眸,令人蓦然想起白居易的:"一道残阳铺水中,半江瑟瑟半江红。"水光,波光,余晖,在这一刻交相辉映,配合得天衣无缝。

大九湖

图2-56　大九湖四号湖

（摄影：梁佳　湖北师范大学）

　　大九湖位于鄂西北大巴山脉东麓的神龙架西南边陲，处长江与汉江分水岭上，为神龙架的一部分。有人说湖北神农架大九湖是小九寨沟，是小香格里拉，也有人说它像呼伦贝尔大草原，其实，大九湖就是它自己，有着独一无二、谁也无法取代的气质。大九湖，是湖北耀眼的存在，是一片湿地,是一座大湖,它的美,惊艳了每一个见过它的人。

　　大九湖湿地位于湖北省神农架林区,该地区受亚热带季风气候控制,年均温约为 7.4℃,年降水约 1 500 毫米。在地质构造、岩溶作用、流水及第四纪冰川共同作用下,大九湖湿地形成一个底部海拔约 1 700 米,南北长约 15 千米,东西宽约 3 千米,面积约 36 平方千米的封闭盆地,盆地中间是一抹 17 平方千米的平川,四周高山重围,在"抬头见高山,地无三尺平"的神农架群山之中。湿地内优势植被为阿齐薹草、地榆、灯芯草、紫羊茅和泥炭藓(罗涛等,2015)。由于盆地内地势低洼,泥炭保水性能良好,因而在大九湖湿地范围内分布有因积水而形成的若干湖泊。九个湖泊呈南北向排列,数条沟渠将各湖泊顺次连接,水流流经九号湖后经落水孔进入地下河。大九湖湿地是我国为数不多的典型的亚热带高山湿地,具有极高的科考、旅游价值。

骆马湖

图 2-59　骆马湖
（摄影：吴桂斌　中国科学院南京地理与湖泊研究所）

　　骆马湖位于苏北平原东部，地处宿迁和徐州结合部，属两市共管湖泊。骆马湖在历史上数易其名，曾称乐马湖、落马湖、马乐湖、路马湖等，其自古以来为京杭大运河上的一个重要湖泊，在古代漕运过程中有着调蓄运河水位的重要作用（孙博和葛兆帅，2017）。骆马湖是江苏省第四大淡水湖泊,面积 375 平方千米,湖体呈菱形,从高处看,似马匹的脊背,尾巴扫运河。

　　骆马湖形成于明代末期,此前是独立的几个地势低洼的小湖,黄河侵泗夺淮以后,大量泥沙涌入,使河床逐渐淤高,这些小湖连成一片,形成了今天的骆马湖。骆马湖水体清澈透明,多受沂蒙山洪和天然雨水补给,沿湖几乎无工业污染,可达国家二类水质标准,天气晴好的时候会呈现出迷人的蓝绿色,为江苏省内大型湖泊里水质最好的湖泊之一。骆马湖水产资源丰富,盛产银鱼、青虾、螃蟹、翘嘴鱼、龙虾等,湖滩浅水中生长繁茂的芦苇和众多浮游生物,为鱼类生产提供了良好的生态环境和水资源。

溱　湖

溱湖,地处苏中地区中部,江淮之间,坐落于江苏省泰州市姜堰区西北部。溱湖东西长 1.4 千米,南北长 1.5 千米,俯瞰如一枚玉佩,面积约 3 500 亩,古长江与淮河曾在此交汇入海,从而形成了特有的湿地生态环境。与此同时,溱湖作为长江文化和黄河文化的过渡区、吴越文化和楚汉文化的连接点,又独具别样的民俗风情和深厚的文化底蕴。

溱湖又名"喜鹊湖",因常年有许许多多喜鹊慕溱湖生态而来,在此筑巢定居,形成了溱湖独有的栖鸟景象,又因喜鹊多吉祥之意,故而得名。溱湖属北亚热带季风气候区,为亚热带与温带之间的过渡带,受海洋气候和江河湖泊水网影响,作为湿地的主载体,对调节湿地气候和生态发挥了作用,溱湖湿地气候温和湿润,水生植被丰茂,水系河网充沛,成为各种珍奇鸟类首选的栖息地,栖息着各种鸟类 97 种,其中国家一级保护动物有白鹳、黑鹳、丹顶鹤等 7 种,省级保护动物有鸿雁、鹌鹑、喜鹊、灰喜鹊、画眉等 8 种(周帆和郭剑英,2016)。

此外,据《麋鹿生境考察》一书记载,溱湖自古还是麋鹿的故乡,在这里发现麋鹿角化石和亚化石近 90 处,出土的麋鹿化石数量已占全国的一半左右。如今,溱湖区麋鹿已繁衍至数百头,湖区良好的生态环境让麋鹿在它们远祖生活过的地方重新开始繁衍生息。

图2-60 溱湖

（摄影：李进 杜文静 中国科学院南京地理与湖泊研究所）

长白山天池

图 2-61　长白山天池
（摄影：邢路宁　中国科学院南京地理与湖泊研究所）

　　长白山天池，位于吉林省东南部延边朝鲜族自治州安图县，古称温凉泊、图们泊、他们泊，为中朝两国界湖。长白山天池火山是我国境内保存最完整的新生代多成因复合火山，火山经过多次喷发而形成了巨型的锥体，长白山天池就是由长白山主峰火山锥体顶部喷发后，火山口积水而成。长白山天池湖面海拔 2 149 米，周围由 16 座山峰环绕，如悬挂在天空的一面明镜。湖面面积 10 平方千米，湖体呈椭圆形，南北长 4.85 千米，东西宽 3.35 千米,是中国最大的火山湖,也是积水最深的高山湖泊。长白山天池蓄水 20 亿立方米,还是一个巨大的天然水库。

长白山天池气候变化频繁,时而白云缭绕,虚幻飘逸;时而云收雾敛,波光峦影。湖区错落有致地生长着针阔叶混交林、针叶林、岳桦林、高山苔原,放眼望去一片茫茫长白林海,静谧的自然生态中散发着原始的古朴与神秘。盛夏是观赏长白山天池的最佳时节,因云雾相对较少,有幸可一睹天池真容。

阿尔山天池

图 2-63　阿尔山天池
（摄影：薛滨　中国科学院南京地理与湖泊研究所）

　　阿尔山天池，位于阿尔山市东北 74 千米的阿尔山国家地质公园内，是最具特色和最具代表性的火山湖。阿尔山天池形成于距今 20 万～30 万年前（中更新世），湖盆由天池岭火山喷出物落在喷火口周围形成的环状围墙构成，中间的圆形火山口凹坑经多年积水而形成天池（内蒙古阿尔山地质公园管理局,2017)。

阿尔山天池海拔1332米,低于吉林省长白山天池和新疆天山天池,位居全国第三。由于阿尔山天池属于高位火山口湖,登上天池山顶,并不会有湖周风光"一览无余"的开阔视野,而仅能看到13.5公顷的湖面和倒映在这一池湖水中如镜面的蓝天。

据说阿尔山天池有几大神奇之处:其一是这个封闭的火山口湖不论季节,湖水位始终保持不变,数日连降暴雨也不会令湖水上涨;其二是湖水深不可测,有人曾把测量绳的一端系上重锤放在湖里,放下去300多米仍没有探到湖底;其三是周边的其他湖泊都盛产鱼类,唯独一泓清水的天池没有鱼群,曾有人在池内放鱼苗,奇怪的是这些鱼都不知所踪,既没有看到它们游动,也没有看到死鱼浮上湖面,倒是印证了"水至清则无鱼"的说法。

湖周是茂密的丛林,主要树种是落叶松和白桦。天池最美的季节当属秋季,此时落叶松的针叶仍旧青翠,而白桦树的叶子已呈现出黄绿相间的绚丽,远远看去如油彩般的颜色装点着蔚蓝深邃的阿尔山天池,像极了神秘的魔镜。

东北月亮泡

图2-64 东北月亮泡
(摄影：邹伟 中国科学院南京地理与湖泊研究所)

　　月亮泡，蒙古语称"撒兰纳池"，即日月池之意，汉语称月亮湖，史称"鱼儿泺"、"运粮泡"，位于吉林省大安市东北部，吉、黑两省交界处，嫩江右岸，为嫩江遗迹湖。为更好地发挥月亮泡的水资源优势，1976年筑堤修建月亮泡水库，不仅用于渔业养殖，还用于灌溉。月亮泡水面辽阔，东西长25千米，南北长10千米，平均水深10米，面积达200多平方千米。

月亮泡是远近闻名的鱼米之乡。据辽史记载,月亮泡为契丹皇帝进行"春捺钵"的地点之一,即每年春天,皇帝率领文武百官、后宫应役等人到这里进行春猎,钩鱼、捕鹅雁,晨出暮归,并将捕得之鱼设"鱼头宴"宴请群臣,共享太平盛世。这一传统活动深受帝王青睐,一直持续到元代,形成了极具特色的渔业习俗。水库内盛产鲤鱼、鲫鱼、胖头、花鲢等鱼类多达近 40 种,并且产量极高,这里流传着"闸住月亮泡,银子没了腰"的民谣,可见物产之丰富。

月亮泡景色美丽迷人,也是著名的旅游胜地。春天,万物复苏,波光百里;夏秋时节,天水一线,沙鸥翔集,仿佛置身海边;冬季,白雪皑皑,冰面似镜,如抵冰雪王国,此外,还可一览北方奇观——传统的冰上捕鱼,一季一景的月亮泡令大批的游客神往不已。

人工湖——水库

千岛湖

图 2-65　如水墨画的雨后千岛湖
（摄影：笪文怡　中国科学院南京地理与湖泊研究所）

千岛湖是新安江水库的另一名称,因其包含了 1 078 个大小不同的岛屿,故被称为千岛湖。千岛湖位于浙江省杭州市,是 1957 年修建新安江水电大坝而形成的入口湖,南北纵长为 150 千米,宽处达 10 千米,是一个呈 X 形的湖泊(陈彬彬,2012)。

千岛湖具有丰富的资源,据不完全统计,共有植物 1 786 种,动物昆虫 2 000 余种,湖中岛屿森林覆盖率达 82.5%。千岛湖有 13 科 94 种形态各异的鱼类资源,有"鱼跃千岛湖"、"水下金字塔"等奇特景观,鸟类有 90 种,野生动物资源有兽类动物 61 种,爬行类 50 种,昆虫类 16 目 320 科 1 800 种,两栖类 2 目 4 科 12 种。

千岛湖流域属亚热带季风湿润性气候,温暖湿润,雨量充沛,四季分明,是国家 5A 级景区,地貌景观极其丰富,拥有众多的景点,如石林、梅峰、猴岛等,是旅游的好去处。此外,千岛湖还是国家的皮划艇训练基地及农夫山泉的水源地之一。

千岛湖是国家水环境保护的 15 个首批重点支持湖泊之一,我国的 I 类水源地,也是钱塘江水的重要水源和水源涵养区,在水质安全、下游供水等方面起着至关重要的作用,具有重要的战略意义。

天目湖

图2-67　天目湖
（摄影：郭娅　中国科学院南京地理与湖泊研究所）

天目湖位于江苏省常州溧阳市南部，因属天目山余脉，故名"天目湖"，但是此湖非彼湖，天目湖并不是真正意义上的湖，而是一片南北走向狭长形的水库，水域面积7.25平方千米，南部水深4～5米，北部水深10～14米。1949年之后，江苏省水利专家到此处考察，发现沙河两侧是高拔的翠绿大山，若是在此处拦水做坝，用于灌溉和发电，旱涝保收，造福民间，应是一件功在当代利在千秋的大好事，于是就开始建造了"沙河水库"，改革开放之后改名为天目湖。

天目湖被誉为"江南明珠"、"绿色仙境"。湖体四面群山枕水、碧波荡漾,湖中岛屿散落,湖岸曲折通幽,游船是景区的经典项目,舟行湖上,湖岸青山叠翠,满眼碧波荡漾,十分惬意。天目湖全区拥有 300 平方千米的生态保护区,是江苏省首批生态旅游示范区,也是国家 5A 级景区。

夜郎湖

图 2-68　夜郎湖
（摄影：张君　中国科学院亚热带农业生态研究所）

夜郎湖位于贵州省普定县的三岔河中游，距县城 7 千米左右，属乌江南源流，是 1993 年普定电站大坝建成蓄水而成（傅汝吉，1998）。湖区水域面积 20 多平方千米，是贵州高原上仅次于红枫湖的第二大人工湖，主航道 40 多千米，湖面最宽处二三千米，最窄处 60 米。因属古夜郎的版图，遂名夜郎湖。

如果说黄果树瀑布以它的壮美折服世人，那么夜郎湖则是以它的宁静秀美牢牢吸引着人们。湖区两岸高山对峙，形成高原"三峡"，湖中心矗立着典型的喀斯特峰丛，夜郎湖宛若一颗水上明珠。湖湾伸进散落村寨，炊烟袅袅，草坡数里连绵，芦花遍野。春赏花，夏纳凉，秋观叶，一年四季置身于湖光山色间，令人心旷神怡。夜郎湖还是二级水源地，水质干净，是安顺居民的饮用水源，养育一方人口。同时，夜郎湖也是"多彩贵州"的重要名片，交通便利，距离贵阳市仅 100 余千米，周边分布着黄果树瀑布、荔波小七孔、织金洞等知名景区。

因为水土流失严重，夜郎湖曾经石灰岩裸露，水质也受到破坏。2003年普定县投资 7 000 万元对夜郎湖进行治理。夜郎湖流域治理水土流失面积 42.77 平方千米，增加森林面积 3.98 万亩，使森林覆盖率从 17.89％提高到 44.54％，整个流域生态环境得到根本改善，步入良性循环。2014 年10 月，夜郎湖入选由《中国国家地理》杂志社评选的中国最美的拍摄点，优美的湖光山色、沿岸良好的植被成为夜郎湖最美的生态代言。

太子山水库

图 2‐69　太子山水库
（摄影：王刘明　兰州大学）

　　甘肃省临夏回族自治州太子山水库位于黄河二级支流广通河上游太子山国家级自然保护区内,地理位置介于东经103°02′05″～103°02′24″,北纬35°17′56″～35°18′33″之间。水库水面平均海拔2 540米,最大坝高50米,总库容690万立方米。域内属温带大陆性气候,年均气温5.1℃,年均降雨量 660 毫米。太子山位于秦岭东—西向与祁吕北—西向"多"字形构造地段,群峰林立,溪流奔涌,形成诸多奇特地貌景观。土壤以山地褐土和棕壤为主,分布有高、低山灌丛及苔草、莎草等植被,生物多样性丰富。太子山自然保护区在涵养水源、保持水土、调节气候、维护生态良性循环等方面起到了重要作用。水库建设得益于区内良好的水—土—植条件,改善了局地小气候和生态环境,并为下游居民的生活用水提供优质水源,实现了生态环境保护、经济社会发展和人饮安全保障等水资源综合服务能力的提升。

图中的云笼太子山,天水相映成趣。天上的云、库旁的山和水中的倒影相映成美;远山呈人形上仰舒畅,水中倒影俯视沉思;水库对山脉加以延伸,峰影叠嶂,加之云雾苍茫,远近相宜,亦真亦幻。

第三章

湖泊成因类型

我国湖泊的成因类型是多种多样的,像地壳的运动断陷,大自然的侵蚀、堆积作用及人为的力量,都会在地表形成凹陷,进而蓄水变成湖泊。如火山活动可以形成火口湖、堰塞湖;地壳运动可以形成构造湖,这一类湖统称为内力湖,意思是地球内部力量作用产生的湖泊。还有一种是外力湖,它是在流水、风、冰川等起主导作用的情况下形成的,如冰川湖、海成湖、河成湖、风成湖、岩溶湖等(王洪道,1995)。

构造湖:在地壳内力作用形成的构造盆地上经储水而形成的湖泊。其特点是湖形狭长、水深而清澈,如云南高原上的滇池、洱海以及抚仙湖等。

图3-1 抚仙湖
(摄影:李凯迪 云南大学)

火口湖:由火山喷火口休眠以后积水而成。其形状呈圆形或椭圆形,湖岸陡峭,湖水深不可测,如长白山天池、小龙湾火山口湖等。

图3-2 小龙湾火山口湖

(摄影:薛滨 中国科学院南京地理与湖泊研究所)

堰塞湖:火山喷出的岩浆,地震引起的崩塌和冰川、泥石流等引起的滑坡等壅塞河床,截断水流出口,其上部河段积水成湖,如五大连池、镜泊湖等。

岩溶湖:由碳酸盐类地层经水流的长期溶蚀而形成的岩溶洼地、岩溶漏斗或落水洞等被堵塞,经汇水而形成的湖泊,如贵州草海。

冰川湖:由冰川挖蚀而形成的坑洼和冰碛物堵塞冰川槽谷积水而形成的湖泊,如西藏圣湖拉姆拉错等。

图 3-3　五大连池

（照片来源：中国地质博物馆数字馆）

图 3-4　贵州草海

（摄影：代亮亮　中国科学院水生生物研究所）

图 3-5　西藏圣湖拉姆拉错

（摄影：奚和平　中国科学院南京地理与湖泊研究所）

风成湖：沙漠中低于浅水面的丘间洼地，经其四周沙丘渗流汇集而成的湖泊，如敦煌附近的月牙湖。

图 3-6　敦煌月牙湖
（摄影：薛滨　中国科学院南京地理与湖泊研究所）

河成湖：由于河流摆动和改道而形成的湖泊。它又可以分为三类：一是由于河流摆动，其天然堤堵塞支流而潴水成湖，如鄱阳湖、洞庭湖等；二是由于河流本身被外来泥沙壅塞，水流宣泄不畅，潴水成湖，如南四湖等；三是河流截弯取直后废弃的河段形成的牛轭湖，如内蒙古的乌梁素海。

海成湖：泥沙沉积使得部分海湾与海洋分割而成，通常称作潟湖，如杭州西湖、宁波的东钱湖等。

人工湖：一般是人们有计划、有目的地挖掘出来的一种湖泊，是非自然环境下产生的，包括景观湖和大型的水库，如洪泽湖、千岛湖等。

图 3-7 东钱湖

（摄影：邹伟 中国科学院南京地理与湖泊研究所）

图 3-8 千岛湖

（摄影：薛滨 中国科学院南京地理与湖泊研究所）

第四章

湖泊生态环境

湖泊是重要的生态系统类型,是由湖盆、湖水及水中包含的各类物质所组成的自然综合体。湖泊也是维系人类文明的重要淡水生境。自古以来,人类择水而居,人类的起源、生存、延续都离不开湖泊的滋养。

生命之源——湖水

　　湖水参与自然界的水循环,促使本区域内水量保持平衡,同时它也为人类的生活和工农业生产提供了必不可少的水源。

　　衡量湖泊水质的指标通常包括水的物理、化学特性及其动态特征。湖水的物理性质主要指水温、颜色、透明度、嗅和味等;化学性质由溶解和分散于湖水中的气体、离子、分子、胶体物质及悬浮固体成分、微生物和这些物质的含量所决定;动态特征主要指换水周期的长短等(莱尔曼 A.,1989)。

　　清澈的湖水通常是一个湖泊水质良好最直观的指示,如我国高原地区人类活动干扰相对较弱的湖泊,基本处于天然状态,水质状况保持良好。

　　有时,同一湖泊的湖水也会呈现出颜色的变化。图 4-3 拍摄于纳木错东边,利用无人机在 120 米高空垂直俯拍,从图的左下角至右上角依次呈现棕黑色(紧靠陆地的小水塘,死水,水深在 30 厘米左右,水体浑浊,水中类似藻类的生物多)—泥黄色(陆地,也可以算是沙滩和砾石的混合)—浅蓝色(湖泊浅水区,深度不超过 4 米)—深蓝色(深水区,深度 5 米以上)。几种不同颜色的对比,颜色与颜色之间的区分非常明显,犹如画家的颜色盘一样,不得不让人感叹大自然的神奇!

图4-1　碧波荡漾的赛里木湖
（摄影:孟诗棋　南京农业大学）

图4-2　清澈见底的纳木错
（摄影:陈方圆　中国科学院南京分院）

图4-3 纳木错的色彩盘
（摄影：黄涛 南京师范大学）

湖泊水生植物群落

湖泊中常见的水生植物群落经历了沉水植物—浮叶植物—浮水植物—湿生（挺水）植物—陆生植物的进化演变过程，其演变过程与湖泊水体沼泽化进程相吻合。这些植物群落在生态环境中相互竞争、相互依存，构成了多姿多彩、类型丰富的湖泊水生植物王国。

图4-4 太湖鼋头渚一隅的水生植物群落
（摄影：朱广伟 中国科学院南京地理与湖泊研究所）

图4-5 博斯腾湖上的水生植物群落
（摄影：龚伊 中国科学院南京地理与湖泊研究所）

湖区水生植物按照生态习性和形态特征可分为以下几类。

　　沼生型植物:湖区湿生植物种类繁多,如湿生鸢尾类及芋类、水八角、水虎尾、芦竹、荻类、稻、野生稻、睡菜、苔草类、慈姑、莎草类、毛茛类等。

图4-6　升金湖上的沼生型植物
（摄影:邹伟　中国科学院南京地理与湖泊研究所）

图4-7 鄱阳湖畔的草洲

（摄影：姜和平 中国科学院南京地理与湖泊研究所）

挺水型植物：挺水植物株形高大，直立挺拔，花色艳丽，绝大多数有茎、叶。挺水型植物下部或基部沉于水中，根或地茎扎入泥中生长发育，上部挺出水面。如莲（荷花）、千屈菜、菖蒲、水葱、藤草类、香蒲、芦苇等都属于挺水型植物。

图4-8　赛里木湖上的挺水植物
（摄影：蔡小愚　南京远古水业股份有限公司）

图4-9　骆马湖上的挺水植物
（摄影：吴桂斌　中国科学院南京地理与湖泊研究所）

图4-10 南四湖上的荷花

（摄影：杜达远 山东师范大学）

图4-11 南四湖上的挺水植物
（摄影：刘恩峰 山东师范大学）

浮叶型植物：浮叶型植物根状茎发达，花大、色艳；无明显地上茎或茎细弱不能直立，而它们的体内通常储藏有大量的气体，使叶片或植株能平衡地漂浮于水面上，如王莲类、睡莲类、萍蓬草类、芡实、苕菜类等。

图4-12 蠡湖上的浮水植物
（摄影：朱广伟 中国科学院南京地理与湖泊研究所）

图4-13 骆马湖上的浮水植物
（摄影：吴桂斌 中国科学院南京地理与湖泊研究所）

沉水型植物：是指植物体全部位于水层下面营固着生存的大型水生植物。它们的根有时不发达或退化，植物体的各部分都可吸收水分和养料，通气组织特别发达，有利于在水中缺乏空气的情况下进行气体交换。这类植物的叶子大多为带状或丝状，如苦草、金鱼藻、狐尾藻、黑藻等。

图4-14 南四湖的沉水植物
（摄影：刘恩峰 山东师范大学）

以湖为生的动物们

湖泊丰富的植物资源和发育完好的植被为各类动物提供了良好的繁衍生息的场所。湖中生机勃勃的虾兵蟹将,引来无数野鸭、水鸟在湖内驻足停留;草滩上放牧的成群牛马,安静地享受着湖水的滋润;湖畔植被繁茂的湿地是候鸟们越冬的天堂,湖边遮天蔽日的丛林,也为野生小动物和各种昆虫提供了温暖湿润的家园。

图4-15 畅游在巴松措的野生鱼群
(摄影:金苗 中国科学院南京
地理与湖泊研究所)

图4-16 骆马湖盛产的螃蟹
(摄影:吴桂斌 中国科学院南京
地理与湖泊研究所)

图 4 - 17　南四湖中的野鸭
（摄影：杜远达　山东师范大学）

图 4 - 18　抚仙湖上栖息的水鸟
（摄影：李凯迪　云南大学）

图4-19　南四湖上的鱼鹰
（摄影：邹伟　中国科学院南京地理与湖泊研究所）

图4-20　纳木错湖畔饮水的牦牛
（摄影：胡蔚岚　江苏省教育电视台）

看不见的生命——浮游藻类

浮游藻类是指在水中营浮游生活的微小植物,包括蓝藻门、绿藻门、硅藻门、金藻门、黄藻门、甲藻门、隐藻门和裸藻门八个门类。浮游藻类不仅是湖泊生态系统中最重要的初级生产者,而且是水中溶解氧的主要供应者,它启动了湖泊生态系统中的食物网,在水域生态系统的能量流动、物质循环和信息传递中起着至关重要的作用。

绿藻(拉丁名:Chlorophyta,绿藻门,下辖绿藻纲和轮藻纲,淡水中分布最多)是最常见的浮游藻类之一,其平淡,以致无奇;其宽广,又无处不在;其古老,见证生命古往今来的伟大历程,也许寒武纪的奇虾从它们身边掠过,白垩纪的恐龙在它们身边留下脚印,始皇登临处,孟德赋诗船,弱水三千,一瓢而饮,敬请小心,看看是否有绿藻。绿藻广泛地存在于河流湖泊中,当然,绿藻还可能在你家客厅的鱼缸里、小院的水池中,如此宽广却又平淡。取一瓢湖水,选取其中的绿藻,拿来看看,以生命之微见证生命之伟。

硅藻(拉丁名:Bacillariophyta,硅藻门,下辖中心硅藻纲或羽纹硅藻纲;硅藻分布在温带和热带海区)是一类具有色素体的单细胞植物,常由几个或很多细胞个体连结成各式各样的群体。硅藻的形态多种多样。硅藻的半片称上壳(epitheca)(在外)、下壳(hypotheca)(在内),上下壳均有一凸起的面称壳面(valve)。侧面或壳边是两个瓣套合的地方,环绕1周称环带(girdle band)。上壳和下壳都是由果胶质和硅质组成的,没有纤维素。载色体一至多数,小盘状、片状。色素主要有叶绿素 a、c,β-胡萝卜素、α-胡萝卜素和叶黄素。叶黄素类中主要含有墨角藻黄素,其次是硅藻黄素(diatoxanthin)和硅甲黄素(diadinoxanthin)。藻体呈橙黄色、黄褐色。同化产物为金藻昆布糖和油。细胞核1个。营养体无鞭毛,精子具鞭毛,为茸鞭型。生殖方法有有性生殖和营养生殖(主要繁殖方式)。

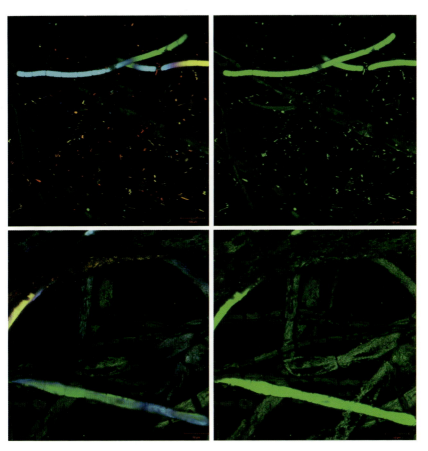

图 4-21　激光扫描共聚焦显微镜下的丝状绿藻
（摄影：方慧芬　福建农林大学）

说明：由于丝状绿藻具有自发荧光的特性，可以采用激光扫描共聚焦显微镜来观察样品，该设备也是常用的科研仪器之一。采集新鲜丝状绿藻，选取合适部分，放在载玻片上，样品与载玻片一同放置在 LSM710 激光扫描共聚焦显微镜载物台上，用 10 倍镜在可见光下观察样品，选合适拍照部分，选用 488 波长激光器，观察激发荧光状况，利用 Z 轴叠加方式，选取 100 张合成叠加，分别采用 Color-coded projection 和 Maximun intensity projection 两种模式处理叠加照片，最终获得两种不同模式的最终照片。再将物镜调整到 20 倍下观察样品，选取合适拍照部分，利用 Z 轴叠加模式与以上步骤相同获取图片。（左上图）丝状绿藻，10 倍物镜下，Maximun intensity projection 模式 Z 轴叠加照片；（右上图）丝状绿藻，10 倍物镜下，Color-coded projection 模式 Z 轴叠加照片；（左下图）丝状绿藻，20 倍物镜下，Maximun intensity projection 模式 Z 轴叠加照片；（右下图）20 倍物镜下，Color-coded projection 模式 Z 轴叠加照片。

图 4 - 22　电镜下的硅藻们

（摄影：李艳玲　罗玉兰　中国科学院南京地理与湖泊研究所）

金藻(拉丁学名:Chrysophyta,蓝藻界,异鞭藻门,金藻纲,金胞藻目)
色素体金褐色、黄褐色或黄绿色,同化产物为白糖素及脂肪,大多数运动
的种类和繁殖细胞具鞭毛2条,1条或3条的很少,静孢子的壁硅质化,由
2片构成,顶端开一小孔。细胞裸露或在表质上具有硅质化鳞片、小刺或
囊壳。单细胞种类的繁殖,常为细胞纵分成两个子细胞群体,以群体断

图4-23 电镜下的金藻胞囊
（摄影:李艳玲 罗玉兰 中国科学院南京地理与湖泊研究所）

裂成两个或更多的小片,每个小片长成一个新的群体,或以细胞从群体中脱离而发育成一新群体。不能运动的种类产生动孢子,有的可产生内壁孢子(静孢子)。

湖泊环境问题

近年来,由于气候变化及人类活动影响加剧等因素,中国湖泊陆续出现水体富营养化、水质污染、湖泊萎缩与剧减、湖水咸化等突出环境问题,各大湖泊环境问题告急,湖泊显现的不可持续态势堪忧。

巢湖的富营养化

巢湖处于安徽省中部,长江淮河之间,为我国五大著名淡水湖之一。近几十年来,不同污染源的污染物通过土壤径流和大气降水等多种途径进入巢湖水体,使水环境日趋恶化,巢湖富营养化问题越来越严重,水生环境受到威胁和破坏,污染最严重的时期蓝藻覆盖面积达到全湖面积42.2%,覆盖时间多年超过 200 天。其中入湖河流的河道污染尤其严重,以图 4-24 中的南淝河河道为例,南淝河的水质多年处于劣 V 类,常年为巢湖"贡献"入湖污染物,河流流入的巢湖西半湖是巢湖富营养化和蓝藻泛滥的重灾区,从图中看到,巢湖北岸南淝河入湖口河道上堆积厚厚的蓝藻,蓝藻腐败的味道在滨湖公园数公里外都能闻到。

图 4-24　巢湖北岸南淝河入湖口富营养化严重的水体
（摄影：杨盼　中国科学院南京地理与湖泊研究所）

太湖的"蓝藻"与"黄藻"水华

近年来，虽然经过大量污染治理，但太湖仍然存在蓝藻水华现象。蓝藻水华是湖泊环境极其恶劣导致大量蓝藻繁殖而影响到生态平衡的现象，是湖泊污染的重要标志，是湖泊富营养化的直观表征。工业废水和城镇生活污水的大量排放，农业面源氮、磷的严重流失，产生了大量的有机污染物，这些污染物随着入湖径流直接或间接进入湖泊，造成湖水污染物含量快速增加，爆发水华。

图4-25　太湖上黏稠厚重的蓝藻水华
（摄影：李进京　宁波大学）

图4-26　用木棍在厚厚的蓝藻水华上写字
（摄影：李进京　宁波大学）

　　我们看到的水华一般为蓝色，以铜绿、水华、惠氏微囊藻、鱼腥藻等为主。可是夏天的时候会遇到"黄藻"的现象。经过显微观察推测"黄色"水华为蓝藻短时间死亡出现的现象,其原因有人猜测为夏天湖面温度过高。图4-27为作者拍摄到的远处漂来的黄色水华遇到了近处形成的蓝绿色水华,两种藻交汇在岸边,能清晰地看出二者区别。

图4-27　太湖"黄藻"与"蓝藻"水华相遇
（摄影：李进京　宁波大学）

青海湖水位下降

青海湖地处半干旱高原地区,是以降水为主的内陆水域。由于气候长期干暖化,接受的太阳辐射强烈,日温差较大,且风速较大,湖域蒸发量远大于降水量(包含地下径流补给),即青海湖独特的地理位置导致了其在降水方面入不敷出,这就造成了湖水水位的下降。人类生活对湖水资源虽然也有影响,但仅占很小的一部分,青海湖主要遭受的还是"天灾"(所处自然气候环境影响)。水源补给不足,湖水水位下降,使得其流域内湖泊的湖面逐步退缩。湖面退缩,又不断分离出新的子湖,除原有子湖尕海和耳海外,1980年前后又新分离出两个较大的子湖——沙岛湖和海晏湖。不过青海湖水位下降并未波及湖面面积的大小,观测数据的显示,青海湖的面积并没有减少,反而扩大,2012 年 7 月 30 日,青海省气象科学研究所最新的遥感监测结果显示,青海湖面积持续 8 年增大,这得力于政府对青海湖的有力保护,但湖水水位下降却是不争的事实。

图 4-28 青海湖退缩的湖水线
(摄影:周舟 南京信息工程大学)

鄱阳湖水土流失严重

鄱阳湖是我国第一大淡水湖,流域水量多,湖体大,换水周期较短,湖水的自净、稀释能力强,湖水水质总体尚处于良好状态。然而,由于鄱阳湖特殊的地理位置,其所处的江西是我国南方水土流失严重的省份之一,属于南方红壤丘陵水力侵蚀区,水土流失主要以水力侵蚀为主,每年仅直接沉积在鄱阳湖的泥沙就达 800 多万吨。

淤积的泥沙使鄱阳湖湖盆逐渐淤高,湖底个别处已出现沙化现象,对航道及行洪都造成了极为不利的影响,同时还严重影响到工农业以及生活取水。此外,围湖造田等不合理的开发利用活动,导致湖泊水资源减少,草洲、鱼类等生物资源遭受破坏,其中尤以鱼类资源衰减为最。

图4-29 鄱阳湖大量淤积的泥沙
(摄影:奚和平 中国科学院南京地理与湖泊研究所)

赛里木湖水质下降

赛里木湖是新疆海拔最高、面积最大的山地冷水湖,也是国家级风景名胜区。赛里木湖流域的草场面积约730平方千米,占流域陆地面积的77%,其中西海草场是新疆最大的夏草场之一。然而由于湖区过度放牧现象严重,人为滥采滥挖和随意在湖滨草地开展旅游活动,故湖区草原常年得不到休养生息,草地生态退化严重,尤其在湖东部和北部沿岸,已有大片草地转化为荒漠,赛里木湖区草原的涵养水源、防止水土流失、防风固沙等生态功能降低,由此加大了面源污染对水环境的威胁;道路等基础设施建设和运行过程中环境保护措施不到位,加剧水土流失;以及高白鲑等冷水鱼种水产养殖规模的扩大,人工饵料及鱼类排泄物的增多,都使得赛里木湖的水质面临快速下降的风险。自20世纪90年代中期至今,赛里木湖年均总氮、氨氮浓度上升趋势显著,总磷浓度先降低后小幅增加,卡森综合营养指数呈现缓慢上升趋势,湖泊水质总体呈现退化趋势。

图4-30 赛里木湖岸大片的草地转为荒漠
（摄影：谢志仁 樊仲英 南京师范大学）

图4-31 赛里木湖畔的牧场
（摄影：谢志仁 樊仲英 南京师范大学）

咸化的博斯腾湖

博斯腾湖是我国干旱地区最大的内陆淡水湖泊。由于地处干旱地区，气候干燥，温差悬殊，其本身的水循环主要以蒸发为主，强烈蒸发致使水体大量损耗，再加之其地处新疆天山南坡，焉耆盆地的最低点，这种地理位置造就了盐分随着水流更易聚集于盆地的低洼处，因此水分蒸发而盐分却积累于地表,加剧了盐分汇集和湖泊咸化的进程。

博斯腾湖的补给来源主要是开都河,开都河流经焉耆盆地后进入博斯腾湖。自20世纪60年代以来,1)盆地大量开荒造田,耕地面积的增长导致灌溉引水量的大量增加,从而致使进入博斯腾湖的淡水量不断减少;2)受到水利工程设施的影响,修建一批批分水闸和分洪闸,减少了直接入湖的淡水水量;3)大搞以条田改建、挖排渠治碱为中心的土地改良工程,使农田排水的高盐量排水入湖,入湖水量增加有限,而入湖盐量大幅度提高,其带入的盐量是博斯腾湖入湖盐量的80%,成为博斯腾湖咸化的主要原因。

一旦盐分增加,将对湖泊水生态系统造成直接的破坏和影响。博斯腾湖咸化可导致湖中水生植物的细胞发生失水现象,使水生植物的吸水能力降低,最终因失水而大面积死亡。水生植物的多寡直接影响水体中鱼类及经济水产动物虾的种类及产量。此外,湖中水草的减少还可能导致水体中溶解氧的降低,使湖中动植物因为缺氧而大面积死亡,滋生大量的耐盐藻类,最终将导致博斯腾湖成为无生命的死湖。

图4-32 日趋咸化的博斯腾湖

(摄影:龚伊 中国科学院南京地理与湖泊研究所)

第五章

湖泊野外科考

湖泊既是科学界的研究对象,同时湖泊学是把湖泊、河流、湿地作为一个整体来研究的学科(国际上称为湖沼学)(卡尔夫,2011)。我国早在20世纪初就开始了对湖泊的研究,首先我国科学家在兴凯湖、鄱阳湖、洞庭湖和太湖进行了部分的形态测量和水文分析,并考察了青海湖以及罗布泊的地质情况。20世纪50年代末至80年代中期,我国开展了第一次全国湖泊资源调查,先后对全国主要湖泊水文、地质地貌、水化学、水生生物以及湖泊资源开发利用等进行了系统的综合性或专题性调查;20世纪80年代中后期以来,针对湖泊污染问题,又及时进行了全国主要湖泊富营养化和湖沼专项调查研究(第一次全国湖泊调查);21世纪初又开展了全国湖泊水量、水质和生物资源调查(第二次全国湖泊调查),在此基础上,明确了我国湖泊的现状及近几十年来的变化(杨桂山等,2010)。

　　湖泊野外工作首先需要赴实地进行现场考察,由于有些湖泊位于人迹罕至的地方,到湖泊或者下湖都需要用到越野车或者科考船(如图5-1和图5-2所示)。

　　野外样品的采集工作由科考人员分时分批完成,有些样品需要一天多次进行采样,有些样品需要多年长期原位观测采集。野外工作非常艰苦,科考人员通常要克服交通不便、恶劣的天气以及严酷的自然条件,如强烈高原反应、强辐射、强风浪等,完成对湖泊流域土壤、水质、生物等样品的采集工作。

图5-1　呼伦湖冰封季节在湖面上行驶的科考越野车
（摄影：薛滨　中国科学院南京地理与湖泊研究所）

图 5-2　停靠在呼伦湖畔的科考船
（摄影：薛滨　中国科学院南京地理与湖泊研究所）

图 5-3　停靠在太湖畔的科考船
（摄影：朱广伟　中国科学院南京地理与湖泊研究所）

图5-4　鄱阳湖湖上水样采集
（摄影：奚和平　中国科学院南京地理与湖泊研究所）

图5-5　科考人员在干涸的巴里坤盐湖进行沉积物样品采集
（摄影：李典鹏　新疆农业大学）

图 5-6 科考人员在兴凯湖上搭建水上采样平台
（摄影：隆浩 中国科学院南京地理与湖泊研究所）

图 5-7 藏、汉两族的考察队员开展玛旁雍措湖岸样品的采集工作
（摄影：童银栋 天津大学）

采集的样品需要详细记录取样点相关信息,并根据研究需要进行预处理后,统一送往实验室进行数据检测与分析。

图 5-8　巴里坤盐湖区土壤(沉积物)剖面碳蓄积调查
（摄影：李典鹏　新疆农业大学）

如果需要对一些重点湖泊开展长期的研究,野外观测试验研究站则提供了较大的便利。目前我国的各大湖泊均已建成野外台站或长期观测点,初步形成了全国代表性湖泊的监测网络。

图5-9　日暮下的太湖湖泊生态系统研究站(国家级站)
（照片来源：中国科学院南京地理与湖泊研究所　太湖湖泊生态系统研究站）

图5-10　傍晚两位科研工作者在太湖站栈桥尽头采集水样
（摄影：李进京　宁波大学）

图5-11　鄱阳湖湖泊湿地观测研究站实验楼(CERN站)

（照片来源：中国科学院南京地理与湖泊研究所　鄱阳湖湖泊湿地观测研究站）

图5-12　抚仙湖高原深水湖泊研究站实验楼(CERN站)

（照片来源：中国科学院南京地理与湖泊研究所　抚仙湖高原深水湖泊研究站）

图 5-13 天目湖流域生态观测研究站
（照片来源：中国科学院南京地理与湖泊研究所 天目湖流域生态观测研究站）

近年来，随着遥感技术和数字图像处理技术的发展，遥感技术在湖泊研究中开始广泛应用，极大地提高了湖泊野外考察的效率。

如图 5-14 左侧图片是鄱阳湖国家级自然保护区的子湖水体及水生植被调查遥感影像。图左侧上半部分呈倒三角形的是蚌湖，位于其左下角的是沙湖，左侧下半部分深蓝色区域代表大湖池。它们在夏季淹没，秋冬季出露。季节性的水位变化是子湖生境的重要控制因素。秋冬季鄱阳湖水位偏低，子湖出露大片滩地，大部分湿地植物进入枯萎期。徒步走在冬季的蚌湖滩地上，一眼望去都是广袤的草地，从湖岸外围前往湖中心，穿过成片的苔草（图片上半部分），偶尔见到的一片低洼水域，水体清澈，仅有不到 20 厘米的水深维持了鲜艳的绿色生命（图片下半部分）。局部水体可能来自当地降水或者地下水补给，它们维持了周边湿地植物的水分需求，也为沉水植物提供栖息环境。这种斑块状的水体零星分布在蚌湖的滩地上，既增添了子湖景观的丰富性，也是子湖水文和生态研究的重要载体。

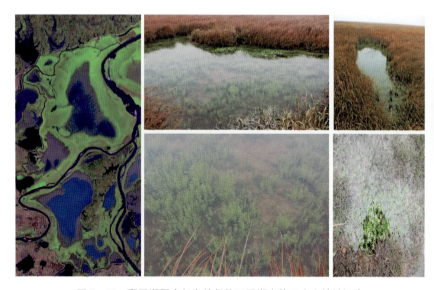

图 5-14　鄱阳湖国家级自然保护区子湖水体及水生植被调查

（摄影:刘星根　中国科学院南京地理与湖泊研究所）

第六章

湖泊治理保护

在生态环境中起着重要作用的湖泊，引起了国家和民众的关注。多届全国人民代表大会和国务院政府工作报告，提出了一系列保护生态环境、修复已遭人为破坏的生态环境的决策。

保护立法

虽然在国家层面上，我国还没有专门的湖泊保护立法，但现有的法律规定已经涵盖了湖泊保护。目前，我国与保护湖泊有关的法律、法规主要是"一宪四法"以及若干管理保护条例：

一宪，即《宪法》，主要从国家职责和公民义务方面，对自然资源包括湖泊的保护做了原则性的规定。

四法，即《中华人民共和国水法》(2016 年 7 月 2 日修正版)、《中华人民共和国水污染防治法》(2017 年 6 月 27 日修正版)、《中华人民共和国水土保持法》(2010 年 12 月 25 日修正版)、《中华人民共和国渔业法》(2013 年 12 月 28 日修正版)。

一系列管理保护条例，如 2011 年 11 月颁布实施的《太湖流域管理条例》是我国第一个从流域层面考虑并制定的湖泊保护与管理条例。同时，各级政府也积极通过并实施了相关湖泊保护条例，如《江苏省湖泊保护条例》、《湖北省湖泊保护条例》、《山东省湖泊保护条例》、《安徽省湖泊保护条例》、《江西省湖泊保护条例》，以及重点湖泊的专项保护条例等，将在湖泊资源开发利用、湖泊污染物排放等多方面进行强力监管并启动严格问责制，铁腕治湖将进入"新常态"。

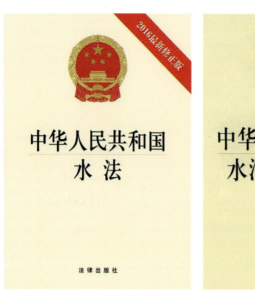

图6-1　中华人民共和国水法

图6-2　中华人民共和国水污染防治法

图6-3　中华人民共和国水土保持法

图6-4　中华人民共和国渔业法
（图片引自：中国政府网）

政府管理

为促进水资源可持续利用和经济发展方式转变,推动经济社会发展与水资源水环境承载能力相协调,2016 年 11 月 28 日,中共中央办公厅、国务院办公厅发布《关于全面推行河长制的意见》,2017 年 6 月 27 日,"河长制"首次写入《水污染防治法》第五条:省、市、县、乡建立河长制。河长制由应急之策上升到国家意志。河长制以保护水资源、防治水污染、改善水环境、修复水生态为主要任务,通过构建责任明确、协调有序、监管严格、保护有力的河湖管理保护机制,为维护河湖健康生命、实现河湖功能永续利用提供制度保障。

为深入贯彻中共中央的"十九大"精神,全面落实《中共中央办公厅、国务院办公厅印发〈关于全面推行河长制的意见〉的通知》要求,2017 年 11 月 20 日,十九届中央全面深化改革领导小组第一次会议审核通过《关于在湖泊实施湖长制的指导意见》,"湖长制"将湖泊的管理和保护提至全新高度。"湖长制"并不是建立一套新的制度体系,而是在河长制的基础上,针对湖泊特点,提出加强管理保护的具体要求。

例如,20 世纪末到 21 世纪初,随着抚仙湖旅游业的发展,作为游乐用的快艇和摩托艇不断增多,排放的大量油污对抚仙湖水环境产生巨大威胁。资源和环境是发展经济的基础,是生产力要素的重要组成部分。为了保护抚仙湖水环境,实现经济的可持续发展,2004 年《关于禁止在抚仙湖使用机动船艇的通告》正式生效,除执法、科考用船等必须经过特许的船只外,其他机动船只不得再入湖(现抚仙湖中船只为旅游人力船和开渔期的人力渔船)。2007 年《云南省抚仙湖保护条例》颁布实施(2016 年修改)。抚仙湖主要入湖河道有 103 条,径流区人口众多,面源污染严重,2008 年,澄江县开始实施"河段长责任制",这是抚仙湖推行"河长制"的雏形和开始。2013 年,各主要河流设立河长,由各级党政主要负责人分别承包一条河,担任"河长",负责督办截污治污。2016 年 12 月,中共中央办公厅、国务院办公厅印发了《关于全面推行河长制的意见》,全国推行实施河长制,抚仙湖由省委书记和玉溪市委书记担任首任河长。2017 年 12 月玉溪市政府开展"百日攻坚雷霆行动",抚仙湖一级保护区内 22 家中央、省、市、县属企事业单位全部拆除退出、沿湖 1 575 户餐饮住宿业开展停业整治工作、村落截污治污工程启动实施……

图 6-5　抚仙湖清水河河长公示牌
（摄影:李凯迪　云南大学）

图 6-6　2017 年 12 月抚仙湖开展"雷霆行动"
（摄影:李凯迪　云南大学）

科学治湖

　　湖泊的兴衰，也引起了专家学者们的重视，他们提出了一系列基于生态文明建设基本理念的科学治湖新思路，通过生态修复让湖泊休养生息。

　　湖泊生态修复是指通过一系列措施将已经退化的水生生态系统恢复或修复到其原有水平，使水生生态系统具有更高的生态忍受性（秦伯强，2007）。一般是通过人工干预的方式，包括重建干扰前的物理环境条件、调节水和土壤环境的化学条件、减轻生态系统的环境压力（减少营养盐或污染物的负荷），原位处理（采用生物修复或生物调控的措施），包括重新引进已经消失的土著的动物、植物区系，尽可能地保护水生生态系统中尚未退化的组成部分等。通过生态系统的恢复，提高其抵御外部环境变化的能力和自我修复的能力。

图6-7　生态修复前后效果对照
（摄影：于谨磊　中国科学院南京地理与湖泊研究所）

图6-8　惠州西湖生态修复示范区
（摄影：于谨磊　中国科学院南京地理与湖泊研究所）

图6-9　洋澜湖生态修复大示范区航拍
（摄影：于谨磊　中国科学院南京地理与湖泊研究所）

马鞍山秀山湖生态修复工程是一个科学治湖的实例。秀山湖是安徽省马鞍山市秀山新区投资建设的人工淡水湖,水面面积42万平方米,湖区水深最深4.7米,平均水深2.5米。

(1)生态修复方案及目标制订:结合秀山湖的补水水质情况、湖体形态、水利运行及生态服务等功能,制订"秀山湖清水型生态系统构建设计施工一体化方案",力争将秀山湖主要水质指标达到地表水Ⅲ类标准。

(2)施工流程:

(3)施工方案内容:

外源污染拦截:秀山湖周边污染源主要为北补水口、1号桥污水口,以及周围雨水管汇入河内的雨水、污水、生活废水。

其中,湖区北侧补水口为湖区主要污染源,污水主要由上游鱼塘水,周围建筑工地生活污水,路面、山坡、土坡等自然雨水汇集。水中含有较多的油污,水色黑灰,水体浑浊,水质为劣Ⅴ类。

图6-10　秀山湖北补水口污染状况

通过围隔短期内将汇水源与湖区进行有效隔离,确保湖区成为一个较为封闭的施工区域,便于清水型生态系统的构建。

图6-11 秀山湖北补水口围隔施工

1号桥污水口水量较小,主要为上游养猪场污水、居民生活污水、苗木山地雨水自然汇水。

根据周围地形地貌,构建沉淀池和人工湿地,有效地削减上游养猪场等污水中的入湖营养盐,提高入湖水体水质。

生态链优化:秀山湖野杂鱼生物量大,品种多。以鲫鱼为主,会牧食大量的水生植物,特别是沉水植物,严重危害水生植物群落的构建。通过对野杂鱼的清除,减少鱼类对水体的扰动及对沉水植物生长的影响。

图 6 - 12　秀山湖 1 号桥汇水口

图 6 - 13　简易沉淀池与人工湿地

图 6-14　人工抓捕野杂鱼

　　湖泊基底改良：秀山湖湖底开挖成形后，露出表面的土壤为心土层或底土层，根据地勘了解到土壤比较紧实，微生物群落多样性、丰度均较低且微量元素含量不足，加上残留的病原体等问题均不利于高等植物的定植和存活。底质改善处理，可使土壤有利于植物的生长。

图 6-15　基底改良

　　秀山湖生态系统构建工程的实施，对原本受损的生态系统进行修复，最终，秀山湖建成了水生植物、浮游生物、底栖动物、滤食性鱼类、肉食性鱼类群落等相互依存的生态系统，湖体稳定性与自净能力提高。

图 6-16　生态修复前后的秀山湖对比

注：本方案及摄影图片均由南京中科水治理股份有限公司提供。

第七章

人与碧湖共和谐

水，生命之源，万物之灵，文明之摇篮；湖，滋润一片土地，哺养一方人民，孕育一种文明。

图7-1　在西藏圣湖拉姆拉错湖畔祈福的路人和僧人
（摄影：奚和平　中国科学院南京地理与湖泊研究所）

图7-2　碧波荡漾的纳木错

（摄影:施坤　中国科学院南京地理与湖泊研究所）

图7-3　然乌湖畔宁静的牧民村落

（摄影:王永杰　中国科学院青藏高原研究所）

图7-4 喀纳斯湖边静谧的小屋
（摄影：王农林 中国科学院国际合作局）

图7-5 羊卓雍措湖边宽广的草场
（摄影：任晖 中国科学院地质地球物理所）

图7-6 赛里木湖边快乐的牧民儿童
（摄影：蔡小愚 南京远古水业股份有限公司）

图7-7 抚仙湖畔是夏季纳凉的好去处
（摄影：宋惠森 中国科学院山西煤炭化学研究所）

图7-8　抚仙湖畔惬意的民居生活
（摄影：宋惠森　中国科学院山西煤炭化学研究所）

图7-9　南漪湖上的渔船
（摄影：程龙娟　中国科学院南京地理与湖泊研究所）

图 7 - 10　骆马湖上的渔舟唱晚
（摄影:吴桂斌　中国科学院南京地理与湖泊研究所）

图 7 - 11　溱湖上的渔翁
（摄影:李进　江苏省泰州市科学技术协会）

图 7-12　依湖而生的千岛小镇

（摄影：笪文怡　中国科学院南京地理与湖泊研究所）

图 7-13　溱湖公园的拂晓

（摄影：李进　杜文静　江苏省泰州市科学技术协会）

图 7 - 14　见证爱情的玄武湖
（摄影：邹伟　中国科学院南京地理与湖泊研究所）

图 7 - 15　抚仙湖上络绎不绝的游船
（摄影：奚和平　中国科学院南京地理与湖泊研究所）

图 7 - 16　畅游在深邃清澈的抚仙湖
（摄影：奚和平　中国科学院南京地理与湖泊研究所）

图 7 - 17　骆马湖上休闲垂钓的闲情逸致
（摄影：吴桂斌　中国科学院南京地理与湖泊研究所）

图 7 - 18　千岛湖上的水上竞技项目训练
（摄影：笪文怡　中国科学院南京地理与湖泊研究所）

　　湖泊不仅是宝贵的自然资源，而且具有独特的功能。湖泊的消亡或者湖泊生态环境的恶化，都将给人类的生活和生产造成无法挽回的巨大损失。

　　中共"十九大"报告提出，坚持人与自然和谐共生，必须树立和践行绿水青山就是金山银山的理念，像对待生命一样对待生态环境，实行最严格的生态环境保护制度，形成绿色发展方式和生活方式，坚定走生产发展、生活富裕、生态良好的文明发展道路。

　　与湖泊和谐共处，尊重湖泊的自然演化规律，维护湖泊的健康生命，像呵护眼睛一样呵护她，保护好湖泊这双眼睛。

参考文献

北风，冯伟，刘辉，等. 拉姆拉错天母大慈大悲的一滴泪[J]. 城市地理，2010，5：122-131.

陈彬彬. 安江—富春江风景名胜历史变迁研究[D]. 浙江农林大学，2012.

陈立婧，彭自然，孙家平，等. 安徽南漪湖大型底栖动物群落结构[J]. 动物学杂志，2008，43(1)：63-68.

陈曦. 中国干旱区自然地理[M]. 科学出版社，2010：276-278.

陈毅峰，何德奎. 西藏鱼类的蕴藏量与利用问题[R]. 2000.

除多，普穷，拉巴卓玛，等. 近40a西藏羊卓雍错湖泊面积变化遥感分析[J]. 湖泊科学，2012，24(3)：494-502.

崔文斌. 长白山天池[J]. 人与生物圈，2018，Z1：2-3.

董云仙，刘宇，李荫玺，等. 云南杞麓湖生态脆弱因素分析[J]. 环境科学导刊，2011，30(5)：24-29.

傅汝吉. 初识夜郎湖[J]. 文化月刊，1998(2)：50.

傅玉堂. 哈布吉沙漠中的白沙湖[J]. 今日新疆，2009(20)：56.

高健，杨正勇，孙家平. 南漪湖渔业经济可持续发展路径的调研[J]. 安徽农业大学学报，2004，13(4)：35 - 38.

高顺利. 喀纳斯湖的成因研究[J]. 新疆大学学报(自然科学版)，1987，4(1)：68 - 76.

韩昭庆. 南四湖演变过程及其背景分析[J]. 地理科学，2000，20(2)：133 - 138.

胡东生. 青海湖的地质演变[J]. 干旱区地理，1989(2)：29 - 36.

贾铁飞，戴雪荣，张卫国，等. 全新世巢湖沉积记录及其环境变化意义[J]. 地理科学，2006，26(6)：706 - 711.

桔猪. 心倾神水然乌湖[J]. 旅游纵览，2014，9：12 - 15.

(加)卡尔夫. 湖沼学：内陆水生态系统[M]. 古滨河，等，译. 北京：高等教育出版社，2011.

(美)莱尔曼 A. 湖泊的化学、地质学和物理学[M]. 王苏民，等，译. 北京：地质出版社，1989.

李博，冯佳，谢树莲.西藏工布自然保护区藻类植物区系及分布特点[J].2012,32(4):807 - 814.

刘国立. 西藏拉姆拉错湖——只要虔诚地观望，就能看到自己的前生后世. 大学：a 版，2013，10：84 - 85.

刘金花，易朝路，李英奎. 藏南卡鲁雄峰枪勇冰川新冰期冰川发育探讨[J]. 第四纪研究，2018，2：348 - 354.

刘鹏，孙志勇，刘俊，等. 鄱阳湖鸟类研究现状与保护对策[J]. 野生动物学报，2017 ，4 ：675 - 681.

刘天仇. 西藏羊卓雍错水位动态研究[J]. 地理科学，1995，15(1)：55 - 62.

刘薇，宁平，孙鑫，等. 异龙湖水质及水生生态系统演变趋势[J]. 环境科学与技术，2018，41(S1)：281 - 287.

刘雪舒.西藏巴松措景区工布藏族古村落景观形态研究[D].2015.

陆林,天娜,虞虎,等.安徽太平湖旅游地演化过程及机制[J].自然资源学报,2015,30(4):604-615.

罗涛,伦子健,顾延生.神农架大九湖湿地植物群落调查与生态保护研究[J].湿地科学,2015,13(2):153-160.

内蒙古阿尔山地质公园管理局.绝色绝美阿尔山——走进阿尔山世界地质公园[J].国土资源科普与文化,2017,3:30-39.

秦伯强.湖泊生态恢复的基本原理与实现[J].生态学报,2007,27(11):4848-4858.

施为光.开发羊卓雍湖水电站对生态环境的影响[J].湖泊科学,1995,7(2):178-184.

史正涛,明庆忠,张虎才.云南高原典型湖泊现代过程及环境演变研究进展[J].云南地理环境研究,2005,17(1):28-30.

税晓洁.探寻喀纳斯湖之源喀纳斯冰川[J].中国国家地理,2009,11.

孙博,葛兆帅.近500年来骆马湖演变的驱动力探究[J].水土保持通报,2017(4):327-332.

王斌,马健,王银亚,等.天山天池夏季叶绿素a的分布及富营养化特征研究[J].环境科学,2015,7:2465-2471.

王洪道.中国的湖泊[M].北京:商务印书馆,1995.

王厚防,唐翀鹏.星云湖环境问题研究进展[J].安徽农学通报,2010,16(11):183-185.

王苏民,窦鸿身,陈克造,等.中国湖泊志[M].北京:科学出版社,1998.

吴跃东.巢湖的形成与演变[J].上海国土资源,2010,31(b11):152-156.

辛晓冬,姚檀栋,叶庆华,等.1980—2005年藏东南然乌湖流域冰川湖泊变化研究[J].冰川冻土,2009,31(1):23-30.

杨光林,万的军,赵华,等.17.8—6.8 ka BP期间达里湖的水文环境历史及其演化机制[J]. 干旱区资源与环境，2018，1:84 - 91.

杨桂山，马荣华，张路，等. 中国湖泊现状及面临的重大问题与保护策略[J]. 湖泊科学，2010，22(6):799 - 810.

杨利寿，陆佩洪，葛辉. 南京玄武湖水体污染的化学分析[J]. 南京师大学报(自然科学版)，1979，2:55 - 61.

杨喜生，齐增湘，王宽. 洞庭湖水生态环境的演变与保护措施分析[J]. 资源节约与环保，2016，4:162 - 163.

姚书春，薛滨. 长江下游青弋江水阳江流域湖泊环境演变[M]. 南京：南京大学出版社，2016.

于希贤. 滇池历史地理初步研究[J]. 云南地理环境研究，1999，11(1):7 - 15.

张风菊，薛滨，姚书春. 中全新世以来呼伦湖沉积物碳埋藏及其影响因素分析[J]. 湖泊科学，2018，30(1):234 - 244.

张国钢，刘冬平，钱法文，等. 西藏南部羊卓雍错水鸟群落及斑头雁活动区域特征[J]. 生态学报，2016，36(4):946 - 952.

郑建明. 绿尊留欢谢浮名　上林湖越窑发展历程[J]. 世界遗产，2017，5:34 - 43.

郑绵平. 青藏高原盐湖[M]. 北京科学技术出版社，1989.

政昊. 黑土地上的"绿宝石"：兴凯湖[J]. 中国建设信息化，2013，15:26 - 27.

周帆，郭剑英. 溱湖湿地生态资源保护与开发对策研究[J]. 绿色科技，2016，8:1 - 2.

周俊，王焰新，蔡鹤生. 构建"长江—东湖—长江"水循环及其在东湖污染治理中的意义[J]. 武汉大学学报(工学版)，2002，4:64 - 67.

周颖. 西藏巴松措[J]. 内蒙古林业，2018，1:40 - 41.

朱晓敏. 浅议巢湖民歌的原生态传承[J]. 美与时代(下)，2012，7:55 - 57.